Karl-Ferdi Lange

Gedanken und Worte

Impressum

Bibliografische Information der Deutschen Nationalbibliothek: Die Deutsche Nationalbibliothek verzeichnet diese Publikation in der Deutschen Nationalbibliografie; detaillierte bibliografische Daten sind im Internet über http://dnb.dnb.de abrufbar.

Die automatisierte Analyse des Werkes, um daraus Informationen insbesondere über Muster, Trends und Korrelationen gemäß §44b UrhG („Text und Data Mining") zu gewinnen, ist untersagt.

Verlag: BoD · Books on Demand GmbH, In de Tarpen 42, 22848 Norderstedt

Druck: Libri Plureos GmbH, Friedensallee 273, 22763 Hamburg

ISBN: 978-3-7693-1859-3

Karl-Ferdi Lange

Gedanken und Worte

Inhaltsverzeichnis

Inhaltsverzeichnis

Inhaltsverzeichnis

Inhaltsverzeichnis

Zeigen wir die roten Karten

Was ich nicht begreifen werde:
warum sich Menschen schaden.
Es gibt doch nur dies` eine Leben
das wir alle haben.

Wo wir auch leben auf der Erde,
an welchem Punkt der Welt,
sollte es doch ein Lebensziel sein
das friedlich man zusammen hält.

Unterschiede wird es geben,
das lässt sich nicht verhindern,
doch lassen deren Folgen sich,
friedlich lebend, mindern.

Also lasst es uns friedlich leben,
das einzige Leben das wir haben,
zeigen wir mit Entschiedenheit
Gier und Hass die roten Karten.

*****

11.05.2024   (K.- F. L)

Ich weiß es nicht.

Was Liebe ist ? ...Ich weiß es nicht,
kann es auch nicht ergründen.
Es hat bestimmt damit zu tun
das sich zwei Menschen > *finden* < .

Die haben sich zwar nicht gesucht,
sich aber doch *gefunden* ,
dieser „Vorgang" ist es Wert
um ihn genauer zu erkunden.

„Gerade noch" zwei *fremde Menschen*
werden sie dann ein Paar.
Verschwinden aus dem Elternhaus
das ihre Heimat war.

Gestalten dann als Paar das Leben,
teilen sich Tag und Nacht,
teilen Freuden, teilen Leiden,
deren Quell die Partnerschaft.

Wie fest sie zueinander stehen
zeigt sich im Lauf der Zeit.
Der Treueeid vom Hochzeitstag
hält selten *bis in Ewigkeit.*

Wie groß muss dann die Liebe sein
bei Paaren die ihm leben?
Dazu fällt mir nur eines ein:
> Die große Liebe, muss es geben!!! <

07.05.2024   (K.- F. L.)

<u>Auch er braucht Ruh´</u>

Wenn „Freund Hein" auf Suche geht
und nach neuen Opfern späht,
hält man am besten sich bedeckt,
oder besser noch versteckt.

Doch „Freund Hein" ist ja nicht dumm,
er schaut sich dann ganz gründlich um,
nichts kann auf ewig sich verstecken,
er wird es irgendwann entdecken.

Das ist auch schließlich seine Pflicht,
denn sonst stimmt seine Liste nicht,
sie ist sein „*Auftrags A & O*"
wenn sie nicht stimmt ist er nicht froh.

Damit alles ins *Reine* geht,
geht er zum nächsten der darauf steht,
dann *stimmt unter dem Strich die Zahl*
und er hat keine Seelenqual.

Hat er seinen Dienst gemacht,
    dann heißt es für ihn:
   > *Schicht im Schacht* <
dann klappt er seine *Liste* zu,
denn er braucht schließlich auch mal Ruh` .

*****

07.05.2024   (K.- F. L.)

-10-

Ich entschuldige mich

Entschuldigen kann man sich nicht,
man kann nur darum bitten,
denn Fehler, sind sie erst gemacht,
lassen sich schlecht selber kitten.

Fehler bereiten oft sehr schnell
anderen Personen Schäden,
ob menschlich oder wirtschaftlich,
man sollte zu diesen Fehlern stehen.

Stehen heißt sich nicht verstecken,
sondern klar sich zu bekennen,
dann lässt sich ein entstandener Schaden
auch schnell als nicht gewollt erkennen.

Ehrlichkeit in diesen Worten
bietet dann dem Geschädigten an
dass er ohne Groll im Herzen
dem Schädiger vergeben kann.

Entstehen finanzielle Schäden
bieten sich sicher Wege an
wie man sie in beider Sinne
voll und ganz ausmerzen kann.

Dann bleibt ein Fehler was er ist,
ein kleiner Störfaktor im Leben,
bittet man dann um Entschuldigung
wird sie wahrscheinlich auch gegeben.

***

03.05.2024　　　　　　　(K.- F. L.)

Ein Wunsch

Ach wenn ich wie Heinz Erhardt wär´
dann wär´ das Leben nicht so schwer.
Die Menschen lachten über mein Schreiben,
wem´s nicht gefällt der lässt es bleiben,
doch ich schrieb Verse und schrieb sie auf,
und träte damit auch mal auf,
auf Brettern die die Welt bedeuten,
und manchmal auch vor ein paar Leuten.

Die säßen dann in Reih und Glied,
lauschten den Worten die ich schrieb,
jedoch, das muss ich auch erwähnen,
manchmal säh´ man auch Hörer gähnen.
Auch würd´ mal ganz dezent gehustet,
worauf ein anderer kräftig prustet,
das passte zwar nicht mehr zum Reim,
den ließ ich dann ganz einfach sein.

Egal, ich versuch es immer wieder,
und schreibe Verse, keine Lieder,
denn singen lass ich lieber sein
sonst setzt im Saal Massenflucht ein.
Doch neulich traf es mich sehr schwer,
man sagt Heinz Erhardt lebt nicht mehr.
Was nun?… Da kann man doch nicht lachen,
nur ehrend ein paar Verse machen,
etwas anderes fällt mir nicht ein,
denn so wie er kann keiner sein.

*****

02.05.2024   (K.- F. L.)

Auch Männer

Natürlich ist der Muttertag
ein menschlich-hoher Feiertag.
Der Mütter Leistung ist es Wert
das man sie immer neu erklärt,
nur, dass eine Frau zur Mutter wird,
daran sind Männer involviert.

Nun ist die Leistung die manche bringen
nicht Wert Loblieder darauf zu singen,
im Gegenteil, man sieht schnell ein,
sie sind eher „*verschwindend klein.*"
Erstaunlich aber ist dabei:
„aus eins plus eins werden schnell drei."

Doch sieht man hin und wieder ein:
Männer können auch nützlich sein.
- Man kann sie schon mal etwas fragen,
- sie können schwere Lasten tragen,
- und wenn es ganz besonders glückt
sind sie auch handwerklich geschickt.

Nun lassen Menschen sich nicht schnitzen,
man ahnt nicht wo deren „*Stärken*" sitzen.
Man merkt es immer erst im Leben
welches Geschick ihnen gegeben.
Was wohl der Staat nicht merken mag,
sonst gäb es einen Vatertag.

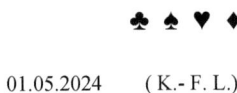

01.05.2024   (K.- F. L.)

Nur Geschreibsel ?

Ich schreibe keine großen Werke,
schreib keine Weltliteratur,
ich schreibe nur wie ich grad denke,
die eigenen Gedanken nur.

Schreib über dieses, über jenes.
Schreib über Jugend, über Alter.
Die Ideen bringt das Leben,
„meiner Verse" Satzgestalter.

Wenn mich ein Gedanke *streift*,
als Grundidee für ein „*Gedicht*",
nehm ich mir ein Blatt Papier
nur, ... schnell fließen die Worte nicht.

Aber wenn sich Worte finden
werden sie gleich aufgeschrieben
und wenn sie zueinander passen
lassen sich daraus *Verse schmieden*.

Die Verse werden zum *Gedicht,*
(das aber glaubt der *Schreiber* nur)
wenn andere die *Verse* lesen
sind sie schlicht „*Geschreibsel*" nur.

*****

29.04.2024   (K.- F. L.)

Ein guter Tausch ?

Neulich war´s, in einem Park,
da sah ich einen Mann,
der hielt ein Blümchen in der Hand
und sah es lange an.
Plötzlich lies er es einfach fallen
und ging ganz langsam fort,
das Blümchen lag am Wegesrand
an dem es wohl verdorrt.

Gleichgültig war des Mannes Blick,
diese *Entsorgung* war brutal,
er ging ganz einfach seiner Wege
und stoppte nicht einmal.
Plötzlich griff er in eine Tasche
und hielt etwas in seiner Hand,
ich sah nochmal genauer hin
weil ich das nicht verstand.

Da hielt er eine andere Blume
und sah sie fröhlich an,
ganz freundlich blickten seine Augen
wie sie es vorher nicht getan.
Das muss doch irgend etwas heißen:

„Tausch Rose gegen Löwenzahn"

Ich weiß nicht was es heißen soll,
es geht mich auch nichts an.

Doch irgendwann bemerkt auch er,
darauf hat er mein Wort,
auch *Löwenzahn* verblüht einmal,
fliegt dann als *Pusteblume* fort.
Dann hat er nichts mehr in der Hand
was ihn erfreuen kann,
dann wünscht er sich sein *Röslein* her
das nicht mehr kommen kann.

*****

27.04.2024   (K.- F. L.)

Zum Muttertag 2024

> *Danke* <

zu sagen
ist heute Pflicht,
denn ohne Mütter gäb es uns nicht,
sie brachten uns in diese Welt,
ihr - ich - wurd hinten angestellt

♥

Ihre Kraft stand jederzeit
für die Familie bereit.
Wurd` sie gebraucht, half sie geschwind,
machte aus uns was wir heut` sind.

♥

Egal wo wir im Leben „stehen"
eine Aussage bleibt bestehen:
„sie hat uns vieles beigebracht
das uns bis heut` vorangebracht."

♥

Ich wünsch das jede Mutter dieser Welt,
für ihre Leistung > **Dank** *< erhält,*
denn denkt daran, wir alle sind,
für immer einer Mutter Kind.

♥ ♥ ♥

Zum Muttertag 12.05.2024
(K.- F. L.)

Bausteine des Lebens

Um zu leben, ...um zu Werden,
wird die Jugendzeit zu schnell vergehen,
ihr Sein wird für das weitere Leben
nur in Erinnerung bestehen.
Die Leichtigkeit der jungen Jahre,
ihr unbeschwerter Tageslauf,
sie sind für alle Zeit vorüber,
hören für alle Zeiten auf.

Dann beginnt „*der Ernst des Lebens*"
mit allem was dazu gehört,
und manchmal wird der Lauf desselben
durch „*Schattenzeiten*" schwer gestört.
Ihnen möchte man gerne fliehen,
doch hilft Asylsuche nicht weiter,
man kann probieren was man will:
> Der Ernst des Lebens ist nicht heiter!<

Man versuche drum sein Leben
mit Sinn und Kraft so zu gestalten
das die „*Bausteine des Lebens*"
die „*Last irdischen Lebens*" halten.
Aber was sind sie, diese „*Steine*"
die man oft und gern beschreibt?
> Ehrlichkeit und Nächstenliebe,
   und vor allem Menschlichkeit !<
                    * * * * *

24.04.2024   (K.- F. L.)

Krumme Linien

Buchstaben, das weiß jedes Kind,
sind Linien die gebogen sind,
ab und zu knickt man sie auch,
wie das bei - M und W- der Brauch.

Oft kommt ein *Hilfsstrich* noch dazu
wie der vom - A oder vom Q.-
Kopfpunkte sind manchmal auch ganz flott,
Beispiel beim - i oder beim j.-

Verschiedentlich *kreuzt* man sie auch,
das ist beim - X - immer der Brauch.
Leider erzeugt das - X - oft Qualen
gerne beim Lotto, oder bei Wahlen.

Sind genug „Linien" gebogen,
entstehen Worte, ...ungelogen,
viele davon ergeben ein Buch,
doch manchmal bleibt es bei einem Versuch.

So, nun hab ich keine Linien mehr,
mein Buchstaben Lager ist restlos leer.
Nun werd´ ich die Buchstaben anderer lesen,
die echte Schriftsteller gewesen.

*****

23.04.2024   (K.- F. L.)

Avanti

Prrrrrrrr……

Mich weckte der Wecker,
ich fand das nicht nett,
lag ich doch mit herrlichsten Träumen im Bett,
ich öffnete die Augen und sah auf die Uhr:
- o je, fast verschlafen. Was mache ich nur? -
Die Mülltonnen müssen doch noch vor das Haus
und ich habe „Mülldienst" , jetzt aber schnell raus.

Die Morgentoilette,...nur notwendige Pflicht,
ich lag ja im Bett, da beschmutzt man sich nicht.
Nun aber Avanti, Mensch, wo sind die Socken(?)
egal, lauf ich ohne, denn draußen ist`s trocken,
die Schuhe fand ich dann zum Glück auf die Schnelle,
sie standen dort an ihrer üblichen Stelle.

Nun rein in die Jacke und ab vor das Haus,
zwar unrasiert, aber das macht nicht viel aus,
das brauch vor den Tonnen ich auch nicht bereuen,
weil die sich ja auf ihre Müllabfuhr freuen,
und die kommt bestimmt,denn heut´ ist ohne Frag,
ihr großer Termin, Leerung, ... Müllabfuhrtag.

Geschafft, die Tonnen stehen *vor dem Tor*,
doch eines kommt mir komisch vor,
bin ich alleine in der Stadt
der die Tonnen draußen hat?

Prrrrrrrr……
Mich weckte der Wecker,
ein Traum war´s, zum Glück.
Doch wer stellt die Mülltonnen wieder zurück???

*****

23.04.2024   (K.- F. L.)

Opa und sein Garten

Ach, was war das damals schön,
mit Opa in den Garten zu geh´n,
wenn er von der Arbeit kam,
seine Gartenjacke nahm,
so wie Spaten, Hacke, Hut,
Gießkanne und Aussaatgut.

Dann wurd´ damit der „Bollerwagen"
für die Gartentour beladen
und für mich, den „kleinen Fratz" ,
war dazwischen auch noch Platz.
Was ich dazu auch prima fand,
Oma spendete „Proviant" ,
und der bestand aus solchen Sachen
die Kindern immer Freude machen,
die übergab sie lächelnd mir.
(Opa bekam `ne Flasche Bier).

Im Garten fing der Opa dann
mit seiner Gartenarbeit an.
Der Garten war sein „großes Glück" ,
gab ihm durch Arbeit Kraft zurück.
Die Beete waren sehr gepflegt,
die Laube sauber ausgefegt,
Furchen und Wege schnurgerad´,
wie Opa es am liebsten mag,
doch jedes „Unkraut" war zuviel,
es riss es aus *mit Stumpf und Stiel.*

War die Arbeit dann vollbracht
wurd´ in der Laube Rast gemacht.
Ganz allmählich kamen dann
auch noch andere Gärtner an.
Die nahmen dann zu einem „Schwatz"
bei Opa in der Laube Platz,
rauchten Pfeifen, tranken Bier,
(Sprudelwasser gab man mir) ,
dann ging es los, ihr Thema eins:
- *Werte manchen Fußballvereins.*-

Irgendwann war es soweit,
es nahte sich die Heimwegzeit.
Nach und nach traten sodann
die Gärtner ihren Heimweg an.
Auch Opa lud den Wagen voll,
und fand den Gartentag ganz toll,
pflückte noch einen Blumenstrauß
nahm den der Oma mit nach Haus,
und die fand den auch richtig nett,
ich musste trotzdem bald ins Bett.

*****
20.04.2024   (K.- F. L.)

Um die Oma

Die Technik dirigiert das Leben.
Ach? Was sage ich?   Die Welt.
Überall ist Sie zugegen,
nichts das sich Ihr entgegenstellt

Gestern modern, *heute* veraltet,
ist das Motto das sie treibt,
wobei althergebrachtes Können
häufig *auf der Strecke* bleibt.

Früher fragte man die Oma
war eine Lösung unbekannt,
doch Omas können nicht mehr helfen,
die Technik hat sie *überrannt*.

Sprechen Omas heute mit Enkeln
muss oft ein Übersetzer her,
denn das - Denglisch - das man redet
verstehen Omas meist nicht mehr.

Alles hat mehrere Seiten,
so hilft die Technik auch im Leben,
daher möchte man sicher nicht
wie einst, im Mittelalter, leben.

Nein! Nur das nicht. Das wär´ schlimm.
Hoffentlich tritt das niemals ein,
trotzdem kann uns Omas Wissen
auch in der Jetztzeit hilfreich sein.

*****

17.04.2024   (K.- F. L.)

Üben muss sein

Das Leben lehrt uns schon als Kind
das Übungen sehr wichtig sind.
Nur der wird „Könner" der trainiert
was durch sein „Können" so passiert,
wobei das üben niemals endet
da Fachwissen sich ständig wendet.

 Nun weiß man, es ist alter Brauch,
Soldaten üben daher auch,
denn tarnen, täuschen und marschieren
sollen ja perfekt passieren,
doch eine Übung mag ich nicht
- Schießen- , denn das heißt *Trefferpflicht.*

Gut, Abwehrkräfte müssen üben
um Gefahren zu besiegen,
wie Sanitäter, ...Feuerwehr,
doch üben die nicht mit Gewehr.
Sie wollen, darauf kann man wetten,
nicht töten, sondern Leben retten.

Drum bin ich Ihnen zugetan,
denn Sie helfen jedermann.
Bringen stets Ihre Kräfte ein
um bei Bedarf Retter zu sein,
und reicht Ihr Einsatz mal nicht aus
hilft auch das Militär mal aus.

*****

17.04.2024   (K.- F. L.)

Raffiniert

Menschliche Dummheit, sag ich bloß,
ist unvorstellbar, ...riesengroß,
ist sie doch immer, zu jeder Zeit,
Ideenreich , einsatzbereit.

Die Dummheit wirkt, wohin man schaut,
denn gegen Sie wuchs noch kein Kraut,

* Redewendung

und der, den Sie grad´ attackiert,
merkt häufig nicht was ihm passiert.

Im Gegenteil, er glaubt daran
das Dummheit <u>ihn</u> nicht treffen kann,
wobei das überheblich ist,
was auch schon wieder dümmlich ist.

Wer durch manche Dummheit lernt
ist doch vor neuer nicht entfernt,
denn Dummheiten sind raffiniert,
sie kommen wieder, ...garantiert.

*****

15.04.2024   (K.- F. L.)

Wahrheit kann gefährlich sein

Wem Wahrheit in die „Feder fällt",
der ist gefährdet in der Welt,
denn aufdeckend gibt er oft Kunde,
legt Finger in so manche Wunde,
bringt dadurch auch so manches Mal
Lügengebäude flott zu Fall,
wodurch so mancher „Ehrenmann"
Ehre nicht mehr erwarten kann.

Der verliert durch „Federkraft"
was er mit Lügen *angeschafft,*
hasst drum den der die Wahrheit schrieb,
der sein Erscheinungsbild vertrieb.
Denn wer vertraut schon dem der log
und wo es möglich war, betrog?

Die Aufdeckung lässt ihn nicht schlafen,
er möchte den, der schrieb, bestrafen.
Doch in der Wut merkt er zum Glück
„Rache" fiel schnell auf ihn zurück.
Jetzt hofft er das die Welt vergisst,
was durch ihn entstanden ist.

Aber es ist eine Qual,
so *manchem* ist das ganz egal
ob man klar erkennen kann
wer hinter „Rache" *stehen* kann,
aber auch hier treibt wahres Wort
einst Anonymitäten fort.

*****

14.04.2024   (K.- F. L.)

Immer anders

Ein Mensch hat nun mal das Bestreben,
er will so gut wie möglich leben.
Nun, das ist sein gutes Recht,
tät er das nicht, gings ihm schnell schlecht.

Sogleich drängt sich die Frage auf
wie sieht: „so gut wie möglich" aus?
Wie kann den Wunsch man, allen Leuten,
allgemein verständlich deuten?

Es gibt da keine feste Norm,
keinen Hinweis,keine Form,
doch eines schält sich klar heraus:
Jeder Wunsch sieht anders aus.

Gesundheit, Reichtum, langes Leben,
die Wünsche wird es immer geben,
den „Hauptwünschen" schließen sich dann
noch viele „kleine Wünsche" an.

Doch was ist groß und was ist klein?
Jeder Wunsch kann wichtig sein.
Wünschen heißt Zielen zuzustreben.
Wünsche braucht man um zu Leben.

*****

14.04.2024   (K.- F. L.)

Gewusst wie

Damals war´s, vor vielen Jahren,
als wir Alten noch Kinder waren,
da haben wir uns ausgedacht
was man, wenn Strafen drohten, macht.
Die Lösung war nicht allzu schwer,
man fragte: „Wo kommen Babys her?"

Das schlug dann „*bombenmässig*" ein
und sofort kehrte Ruhe ein.
Mama und Papa sahen fragend sich an
wie man das jetzt erklären kann.
Wir durften dann nur nicht die Fehler machen
zu grinsen oder gar zu lachen.

Nach kurzem Schock fing irgendwann
einer von den beiden an,
sprach von Blumen, sprach von Bienen,
und wie der Fortpflanzung sie dienen.
Erklärte alles kreuz und quer,
nur von Strafen sprach man nicht mehr.

War dann das Referat vorbei
und wir „*Belehrte*" endlich frei,
zog man sich erlöst zurück,
jeder zu des anderen Glück.
(und woher die Babys kommen,
hatten wir Büchern, längst entnommen.)

*****

11.04.2024   (K.- F. L.)

Das beste Werkzeug

Hände, ...Werkzeuge von Gott gemacht,
der jedes Detail konstruiert und durchdacht,
sie greifen, ...sie streicheln, ...sie fühlen und tasten,
bewegen und halten selbst größere Lasten,
können so schwierigste Dinge probieren
und kleinste Bauteile montieren.

An *Flächen,* beider Arme Ende,
entstehen die genannten Hände.
Fünf Auswüchse, *Finger,* genannt
bilden dort jeweils eine Hand,
wobei die Finger mit ihren Gelenken
der Hand viel Einsatzmöglichkeiten schenken
und, obwohl nicht Seitengleich,
sind sie zwar anders, ...trotzdem gleich.

Die Funktionalität der Hände
ist riesengroß, fast ohne Ende,
dadurch lässt sich das Menschenleben
doch erst im Menschensinne leben.
Die Trennung zwischen Mensch und Tier
zeigt sich mit großem Nachdruck hier,
wobei der Mensch, was er vollbracht,
mit Werkzeugen von Gott gemacht.

*****

08.04.2024   (K.- F. L.)

Ist das möglich ?

Ein Mensch der in die Zukunft sieht
weiß der was zukünftig geschieht?
Kann er, da er dann informiert,
abwenden was geschehen wird?

Ich glaube nicht, weil nämlich dann,
das was er sieht nicht kommen kann,
denn er sieht ja was passiert,
nicht was durch ihn verändert wird.

Was Zukunftsvisionen taugen,
das weiß man nicht, man kann dran glauben,
oder, man glaubt sie,zweifelnd, nicht
weil Leben, Visionen, bricht.

Nun gibt es Menschen die darauf schwören,
die glauben was sie von *Deutern* hören,
gut, wenn sie es wollen, sollen sie,
ich halte es für Phantasie.

*****

06.04.2024   (K.- F. L.)

Farben

Herr Goethe, das Genie der Welt,
hat eine Farblehre erstellt
in der, so lässt sich „*einfach*" sagen,
Farben eine Bedeutung haben,
jedoch im täglichen *Gebrauch*
ändern Bedeutungen sich auch.

Mit > Schwarz, Rot, Gold <,
das weiß die Welt,
wird Deutschland farblich dargestellt,
nun darf man aber nicht vergessen
ein Volk hat viele Interessen
und Deutschland, kann man unschwer deuten,
ist ein Land mit vielen Leuten.

Daher sind im deutschen Land
viele Denkweisen bekannt,
die meisten wollen auch probieren
in ihrem Sinne zu regieren,
und zeigen ihre Denkart dann
sichtbar durch Farbangaben an.

Mir ist das viel zu ausgeprägt,
ich hab mich anders festgelegt,
„stets in der *fünften Jahreszeit*"
ist eine Aufnahmebereit,
und gäb es sie wär ich dabei:
in Toni Gellers : „*blauer Partei*".

*****

06.04.2024   (K.- F. L.)

Leider nicht neu

Man hat schon oft den Satz gelesen:
„Alles schon mal dagewesen."   * Redewendung / Bibel
und denkt man nach, fällt einem ein,
der Spruch könnte von *Heute* sein.

Denn was wir in Berichten lesen
ist alles schon mal dagewesen,
so Kriegführende Diktatoren,
und viele Leben die verloren.

Die Warnungen, die angekommen,
hat man bewusst nicht ernst genommen.
Im Gegenteil, man wertete sie
als Abwerben von Sympathie.

Das sie stimmten lernt man jetzt
und sieht die Wahrheit, ist entsetzt,
gibt arg blamiert, nun zu verstehen,
„das hätte man nicht kommen sehen (!?!)"

Jetzt achtet auf die neuen Zeichen,
versucht nicht ihnen auszuweichen.
Wenn man sie wieder ignoriert
lässt sich erahnen was passiert.

Doch lasst zur Abwehr von Gewalten
nicht übergroße Planung walten,
denn plant man zu viel Vorsicht ein
könnt´s fast wie eine Drohung sein.
        *****
05.04.2024   (K.- F. L.)

-32-

Heute ohne

Kinder lernten es früher fix,
man nutzt die Chance des Augenblicks,
grüßte man Omas, Opas, Onkel, Tanten,
alle Besucher und Bekannten
mit ausgesuchter Höflichkeit
dann waren > Spenden < oft nicht weit.

„Diener" und „Knicks" waren die Zeichen,
denen war nicht auszuweichen,
sie animierten dann zu > Spenden <
(aus erhofften großen Händen).
Ob dem Besuch der Gruß gefiel,
dazu sagte die > Spende < viel.

Nun ist das schon sehr lange her.
„Diener" und „Knicks" macht man nicht mehr,
und wir (langsam im höheren Alter)
wären auch schlechte Grußgestalter,
und ein „Begrüßungs – Spendengeld"
sähe fast aus wie *Eintrittsgeld*.

Um dieses *Bild* ganz zu vermeiden
lässt man die Grußgestaltung bleiben,
man legt auf sie nicht mehr viel Wert,
es reicht, wenn man den Gruß klar hört
und der Begrüßte freut sich dann
schaut man ihn dabei freundlich an.

*****

04.04.2024 (K.- F. L.)

Augen auf

Es ist leider ganz normal
alles endet nun einmal.
Jedes Ding hat seine Zeit.
Nichts verbleibt auf Ewigkeit,
doch endet, das ist das gerechte,
nicht nur das Gute, nein, auch das Schlechte.

Wobei sich das Gefühl einstellt
das Schlechtes sich meist länger hält,
das Gute fliegt im Nu vorbei
(das ist das unschöne dabei).
Doch wie nach Regen, Sonnenschein,
stellt sich auch Gutes wieder ein.

Drum Augen auf, man muss es sehen,
ist man nicht *wach* ist´s schon geschehen,
die Zeit da man es sehen kann,
hält ja nicht all zu lange an.
Auch kann´s in Kleinigkeiten stecken,
wartend das Menschen es *entdecken*.
Entdeckt, versucht voll Energie,
man es zu halten,

aber wie ???

*****

03.04.2024   (K.- F. L.)

Was wird man sagen?

Zeit, in der wir leben,
voll Kriege, Mord und Leid,
spricht man von ihr in einigen Jahren
von der „guten alten Zeit" ?

Lässt sich das schwärmerisch verklären
was wir heute als Last empfinden,
all die Plagen,all die Sorgen
die uns heute täglich schinden?

Wird es so wie **wir** es heute
mit der Zeit von >*Gestern*< halten?
Wir sagen heute: „ die gute alte."
und sehen kaum die Not „*der Alten* ".

Ich werd es sicher nicht erfahren,
denn diese Zeit liegt noch zu fern,
aber eines ist doch sicher:
erleben würde ich das gern.

*****
02.04.2024   (K.- F. L.)

Es ist wieder soweit

O Schreck,
Es ist wieder soweit,
Man stellt die Uhr auf Sommerzeit !   (Winterzeit)
Mitten in der tiefsten Nacht
wird diese Umstellung gemacht.
In des Tages dritter Stunde,
wenn alles schläft, ist *Umstellstunde*.
Warum um drei (?) da sagt man auch:
wär nur geringer Stromverbrauch.

Die Tageszeit erklärt ja auch
den geringen Stromverbrauch,
denn viele Menschen schlafen schon
und brauchen dabei keinen Strom.
Im Gegenteil, sie tanken Kraft
das man den Tag, der kommt, auch schafft.
Darum erscheint, was man erklärt,
mir alles, irgendwie verkehrt.

Geringen Stromverbrauch um drei
halt ich für Augenwischerei.
Gut, ich kenn´ auch nicht den wahren Grund
drum halt ich lieber meinen Mund,
stell schon, mach ich mich Bettbereit,
die Zeiger auf die neue Zeit.
Die Zeit ist mir dabei egal,
ich leide dadurch keine Qual,
doch eines ahn´ ich dabei prompt:
die nächste Uhrumstellung kommt!

*****

01.04.2024   (K.- F. L.)

Zweimal im Jahr

Zweimal im Jahr (ich finde es dumm)
stellt man bei uns die Uhren um.
Das geschieht seit vielen Jahren,
Erfolge (?) hat man sie erfahren?
Ich weiß es nicht, ich frage nur:
„Interessiert das die Natur ?"

Die EU hat festgelegt
wann man an den Uhren dreht,
doch die Natur, auf ihrer Reise,
kümmert das in keiner Weise,
egal was die EU beschließt,
Natur bestimmt die Zeit die fließt.

Wie auch der Uhren Zeiger stehen,
am Zeitfluss lässt sich niemals drehen,
egal wie man die Zeiger stellt
Zeit selbst wird niemals umgestellt.
Der Menschen Wunsch nach Korrektur
verliert sich gleich in der Natur.

Nur Sie allein hat diese Macht,
bestimmt den Tag, bestimmt die Nacht,
egal was Menschen auch probieren
es kann und wird nie funktionieren.
Drum pfuscht ihr nicht ins *Handwerk* ein,
lasst Sie den Zeitbestimmer sein.

*****

01.04.2024   (K.- F. L.)

Falscher Ruhm

Die Legehennen sind *stocksauer*
weil man ihr *Schaffen* unterdrückt.
> Der Osterhase bringt die Eier <
das klingt doch wirklich fast verrückt.

Nun gut, er *bringt* sie, ja, das stimmt,
doch wer *erzeugt* das was er bringt?
Das sollten doch die Menschen kennen :
das sind nur wir, ...die Legehennen.

Ein Hase ist doch ziemlich dumm.
Er gackert nicht, er liegt nur rum,
scharrt nicht wie wir, täglich im Mist,
liegt nur an seinem Platz und frisst.

Angeblich malt er auch Eier an,
(das glaubt nur der, der glauben kann)
wie will denn der Eier gestalten?
Der kann doch keinen Pinsel halten.

Allmählich geht sein Ruhm zu weit,
drum wär es wirklich an der Zeit,
man gründetet im ganzen Land
den – *Legehennen Schutzverband* -

Als Gründungsspruch für den *Verein*
fällt dieser Satz mir sofort ein :
> Ein Hase ist jährlich einmal da,
doch wir legen das ganze Jahr <

*****

Karsamstag, 30.03.2024   (K.- F. L.)

Vor Ostern

Kurz vor Ostern sah ich ihn
im Garten seiner Wege ziehn,
um zwischen Blumen und unter Hecken
Ostergeschenke zu verstecken.

Wen? Na klar, den Osterhasen.
Ihm schien die Zeit fast fort zu rasen.
Bringt die *Eier* fast im Akkord,
kaum ist er da, schon ist er fort.

Doch schien sein Tragkorb schwer zu sein,
er legte eine Pause ein
wobei, vom Rinnsal das dort floss,
er einen kühlen Schluck genoss.

Dann, im Schutz der dichten Hecke,
kauerte er sich in eine Ecke,
man konnte ihn fast nicht mehr sehen,
tankte dort Kraft zum weitergehen.

Dann, nach ziemlich kurzer Zeit,
war er wohl wieder *Marschbereit*,
ordnete noch einmal sein Gepäck,
schulterte es, ...und war dann weg.

Nun gut, er hat noch viel zu tun,
und wenig Zeit um auszuruhn,
und ganz allmählich wird mir klar:
ich hatte Glück, das ich ihn sah.

*****

23.03.2024   (K.- F. L.)   Gründonnerstag

Eine wichtige Einsicht

Elektriker, was akzeptabel,
brauchen zur Arbeit meistens Kabel,
denn ohne die (meist Kupferleiter) ,
fließt der Strom nun mal nicht weiter,
dann steht urplötzlich alles still,
was ja nun auch nicht jeder will.
Jetzt gibt´s bei Strom eine Gefahr,
man sieht ihn nicht, doch er ist da.

Das merkt man ganz besonders dann
fasst man mal *blanke Stellen* an.
Wie dann der Körper reagiert,
wird einem klar, wenn es passiert.

Der *Schlag* der darauf, ohne Gnad,
durch Muskeln und Organe *jagt* ,
greift den ganzen Körper an,
worauf der Mensch nur hoffen kann

das dieser *Vorgang* gut ausgeht
und er den Stromstoß überlebt.

Ist der Stromschlag überwunden
hat die Einsicht man gefunden,
muss man demnächst am Stromnetz schaffen
große Vorsicht walten zu lassen,
holt eine Fachkraft sich ins Haus
und schraubt die Sicherungen raus !!!
! ! ! ! !

25.03.2024   (K.- F. L.)

Recht auf Recht?

Menschen gibt es, was nicht schlecht,
die kämpfen für das Recht auf Recht,
das lässt die, die oft Recht *diktieren,*
Humanität und Recht verlieren,
das heißt,das die, die über Recht *gebieten,*
von keinem dazu Recht erhielten.

Kein Wähler hat sie auserkoren,
ihnen geht Recht auf Recht verloren,
Was sie benutzen ist Gewalt,
Rechtsanspruch anderer lässt sie kalt
man nennt sie auch oft Diktatoren
(schon durch das Wort geht Recht verloren.)
Leider gibts in der Weltgeschichte
darüber schon viele Berichte.

In der Vergangenheit und Heute
gab und gibt es leider Leute
die Machtgierig die Welt belogen,
Menschen mit Kriegen überzogen,
vergessen dabei aber stur,
auch für Sie tickt eine Uhr,
und einmal endet deren Lauf,
doch Recht auf Recht hört niemals auf.

*****

24.03.2024   (K.- F. L.)

Ich seh´ eine Gefahr

Man hört aus allen möglichen „Ecken“
Berichte über Kriegesschrecken.
Herr - X - führt Krieg im Lande - U - .
Man fragt sich: Wie kommt er dazu???
Den Grund hat man nicht recht begriffen,
er wurde doch nicht angegriffen.

Wollte er seine Kraft probieren
und lies seine Armee marschieren,
die ja, was allen gut bekannt,
die stärkste Kraft in seinem Land.
oder wollt` er, mit ihr als Schrecken,
im Lande - U - Panik erwecken?

Was er dachte ist schlicht egal,
jetzt sterben Menschen in großer Zahl.
War das das was Herr - X - gewollt ?
War das das Ziel dem er gefolgt ?
Das darf, wahrhaftig, doch nicht sein.
So etwas fällt doch keinem ein.

Was er erreicht mit seiner Macht:
er hat Europa Angst gebracht.
Das stellt nun Überlegungen an
wie man vor Krieg sich schützen kann,
doch seh` ich die Gefahr dabei :
man redet einen Krieg herbei !!!
                #####

22.03.2024   (K.- F. L.)

Im dichten Grau

Wie ein dichter Wattebausch
legt sich Nebel auf die Stadt
die in der grauen Wolkenglocke
ihr äußeres Bild verloren hat.

Ihre bekannte Silhouette
weicht hin bis zur Unkenntlichkeit.
Sogar den Lärm täglichen Lebens
verändert dichtes Nebelkleid.

Selbst Lampen mühen sich vergeblich
die Nebelschwaden zu durchdringen,
um dem Leben auf den Straßen
nötige Sicherheit zu bringen.

Lichtet sich irgendwann der Nebel
und die Sicht wird wieder klar,
kehrt das Bild der Stadt zurück
wie es schon seit langem war.

Alles läuft dann gewohnte Wege,
nichts verhindert klaren Blick,
man sieht was Nebelgrau verborgen
und die Sonne kehrt zurück.

*****
21.03.2024   (K.- F. L.)

Bitte, ...was ?

Wird ein Mensch älter stellt er oft fest
das die Hörkraft ihn verlässt.
Das merkt man wenn man man ihn etwas fragt,
er hört nicht was der Frager fragt.
Reichte ihm einst ein Flüsterton
braucht er nun fast ein Megaphon.

Was sein Leben dazu stört,
ist, das der Nachbar alles hört.
Da alles lauter werden muss
kommt der in diesen *Hochgenuss*.
Ist somit bestens informiert
was ihn auch oft stark interessiert.

Der, der betroffen ist denkt nun,
„ Ich muss allmählich etwas tun.“
kauft sich, (es ist schon fast zu spät,)
ein angepasstes Hörgerät,
was die Nachbarschaft verstört
da sie nun plötzlich nichts mehr hört.
Wodurch man so erfahren kann,
das Technik helfen und *schaden* kann.

*****

21.03.2024   (K.- F. L.)

Eine Bank in der Stadt

Nach einem etwas längeren Gang
sah hocherfreut, ich, eine Bank.
Ihr Anblick kam mir wie ein Schatz,
gerne nahm ich auf ihr Platz
und streckte meine Beine aus
und ruhte mich ein wenig aus.

Mich erholend nahm ich war
was um die Bank herum geschah,
die mitten in der Stadt platziert,
und in ihr Leben integriert,
bot sie doch zu so mancher Zeit
eine Ausruhmöglichkeit.

Nach einiger Zeit auf dieser Bank
hatte ich neue Kraft *getankt*,
nichts störte meinen weiteren Lauf
so nahm den Weg ,ich, wieder auf.
Dabei wurde der Wunsch mir klar:
„Ich wünsch,sie ist noch lange da"

*****

19.03.2022   (K.- F. L.)

Viele Fragen

Die Frage ist schon ziemlich schwer:
„Wo kommen all die Sorgen her
die nicht ruhen, die nicht rasten,
um unser Leben zu belasten?
Wer kennt die Antwort, kann sie benennen
um deren Herkunft zu erkennen?"

Die Sorgen die uns entgegen springen
stecken leider in vielen Dingen.
Aus diesem Grund leuchtet es ein,
ein Grund allein kann es nicht sein,
und jeder, den man um Rat befragt,
als Antwort etwas anderes sagt.

So stellt sich dann die Frage ein
welche Auskunft *wird* richtig sein?
Fragen, Fragen, nichts als Fragen,
was stimmt kann das Problem nur sagen,
denn fällt man auf falsche Antworten rein
stellen sich neue Probleme ein.

Noch mehr Probleme? Das muss nicht sein!
Lieber stellt man das fragen ein,
versucht Probleme selbst zu ergründen,
Anlass und Ursache zu finden.
Fragen die dann noch übrig bleiben
hat man sich selber zuzuschreiben.

*****

17.03.2024   (K.- F. L.)

Es ist eben so

Es ist nun einmal so auf Erden,
man wird tagtäglich Älter werden,
egal wonach der Mensch auch strebt,
es läuft die Zeit solang er lebt.

„Eins, zwei, drei ! Im Sauseschritt
Läuft die Zeit; wir laufen mit."   (W. Busch)

Der Satz, (Wilhelm Busch schrieb ihn vor Jahren)
hat nie das Gegenteil erfahren,
drum ist er heut noch aktuell,
den ändert man auch nicht so schnell.

Beginnt des Menschen Lebenslauf
hält diesen Vorgang niemand auf,
mit dem allerersten Schrei
sind erste Sekunden schon vorbei.
Wie viel Jahre es noch werden,
niemand ahnt das hier auf Erden.

Ist man dann irgendwann *„am Ziel"*
ist jede Zukunft *„aus dem Spiel"*
weiter läuft jedoch die Zeit,
nur misst sie dann Vergangenheit.

„Eins, zwei, drei ! Im Sauseschritt
Läuft sie, die Zeit, doch wir nicht mit.
(Frei nach W. Busch)
*****

17.03.2024   (K.- F. L.)

Was sagen wir dann ?

Wenn, nach „erlebter" Hochzeitsnacht,
reales Leben neu erwacht,
erfährt man schnell, zu seinem Schrecken,
wie viel Probleme darin stecken.

Da nun die *Brille*, die „verführt"
allmählich nicht mehr funktioniert,
weil die „*rosa Farbe*" schwindet
und sich Alltagsgrau einfindet.

Dann stellen sich Probleme ein,
sehr viele groß, einige klein,
und krampfhaft überlegt man dann
wie man diese bekämpfen kann.

Zur Not kann man bei den Verwandten,
Vater, Mutter, Onkel, Tanten,
die das auch schon mal erlitten
um Auskunft und Beratung bitten.

Auch sie trugen durch Schicksals Willen,
einmal „*rosa – rote Brillen*"
und lernten auch ganz irritiert
das das oft in die Irre führt.

Stellt uns dann nach ein paar Jahren
der eigene Nachwuchs ähnliche Fragen
dürfen wir Antworten geben
und alles „still" noch mal erleben.

*****

07.03.2024   (K.- F. L.)

Fragen ohne Antwort

Wie Dumm muss man in Deutschland sein
um hohe Posten zu bekleiden?
Die Antwort darauf fällt nicht leicht,
es ist beinah` nicht zu beschreiben.

Dekorierte Schulterklappen
plaudern fröhlich, frei drauf los,
wofür bekommen, frag ich voll Sorge,
die Ihre Gehälter bloß ?

Spione gab es immer schon,
das weiß sogar der MAD,
drum sollte man nicht überrascht tun
denn sie sind immer in der Näh.

Ich möchte einen Vorschlag machen,
„Ladet Spione einfach ein,
da sie doch wissen was passiert
könnte das sogar Preiswert sein.“

Wieso müssen denn Staaten heute
überhaupt noch spionieren,
da ja die Geheimnisträger
über Handys frei parlieren.

Die Antworten, ich weiß sie nicht,
sie fallen mir nicht ein.
Ich glaube aber die Dummheit muss
„schon fest im Sattel sein.“

*****

04.03.2024   (K.- F. L.)

Stradivari oder was ?

♫ ♫ ♫

Was nützen schöne Melodien
leiten die Ohren sie nicht weiter?
Zwar dringen sie in sie hinein,
kommen aber nicht mehr weiter.

♫ ♫ ♫

Piano, Pianissimo sind für alle Zeit verloren,
was man mit Phantasie noch hört,
dringt *Paukenmusik* in die Ohren,
jedoch bei Stradivari Klang
vernimmt man nur der Taubheit Klang.

♫ ♫ ♫

Weil ein Programm gut informiert
weiß man hier wird musiziert,
dazu kommt auch noch ganz gelegen
das sich die Musiker bewegen.

♫ ♫ ♫

Ich glaub, ich brauch ein Hörgerät,
hoffentlich ist es nicht zu spät,
ich hoff' die Technik hilft mir dann
das ich Musik auch hören kann.

♫ ♫ ♫

28.02.2024   (K.- F. L.)

Wie wird es werden?

Des Tages Mühen sind vergangen,
ermüdet legt man sich zur Ruh`,
und während man den Tag bewertet
fallen die müden Augen zu.

Ein Wohlgefühl ergreift den Menschen,
lässt ihn in tiefen Schlaf versinken
in dem ihm neue Kräfte wachsen
und Traumgefüllte Stunden winken.

Ausgeruht am anderen Morgen
verlässt er seines Schlafes Statt,
ahnt dabei nicht was dieser Morgen
für ihn vorbereitet hat.

Ist dieser Tag dann auch vergangen
und Schlafbedürfnis stellt sich ein,
hofft man, es wird der nächste Morgen,
besser als der letzte sein.

Wie der auch wird, eines ist klar,
und das an jedem Morgen,
alles bleibt wie es war und ist,
was sich ändert sind nur die Sorgen.

*****

27.02.2024   (K.- F. L.)

Was daraus werden kann

Wenn zwei Menschen sich gefunden
und in Liebe fest verbunden,
leben sie in einer Welt
zu der niemand Zutritt erhält.

Sie sehen das Leben sehr verklärt,
was, liebesbedingt, manchmal verkehrt,
weil die „ *rosa – roten Brillen* "
graue Wirklichkeit verhüllen.

Wenn dann der Liebesrausch verfliegt,
und der graue Alltag siegt,
zeigt sich, ob, was verliebt gesagt,
auch Wert im echten Leben hat.

Blieb man zusammen, blickte nach vorn,
„ *warf die Flinte nicht ins Korn* "   (alte Redewendung)
haben die zwei, die sich einst fanden,
Leben und Prüfungen bestanden.

*****

26.02.2024   (K.- F. L.)

Abends im Garten

Ich saß im Garten hinter dem Haus
und ruhte mich ein wenig aus,
da landete, mir völlig fremd,
etwas das man UFO nennt.

An ihm öffnete sich bald ein Tor
und irgend etwas trat hervor,
ein *Wesen,* ich will es so benennen,
wie wir es aus Romanen kennen.

Langsam kommt *ES* her zu mir,
ich dachte nur: was will der hier?
ES sprach was was ich nicht verstand
und hielt ein *Sternbild* in der Hand.

ES merkte das ich nichts verstand,
gestikulierte mit der *Hand,*
zeigte die Bilder und dann nach oben,
ich glaubte der hatte sich verflogen.

Daraufhin ging ich ins Haus
und holte schnell das Bild heraus
von der Platte, die man geprägt,
die Voyager nun durchs Weltall trägt.

ES schaute drauf und ES erblasste,
(was ich nicht so recht erfasste),
mir schien, der Gast aus Weltall Weiten,
fluchte wie wir in besten Zeiten.

ES lief nun schnell das kurze Stück
zu seinem Raumfahrzeug zurück
startete mit Brummen und mit Pfeifen,
(wir würden sagen: quietschenden Reifen)

Kurz darauf verschwand es schon,
ich hörte nur noch seinen Ton,
dachte im stillen mir dabei:
„Über den Wolken. Wie Reinhard Mey"

*****

25.02.2024   (K.- F. L)

Trotzdem

O Schreck, was ist denn nun passiert?
Es „duftet" ziemlich *konzentriert*.
Vom Badezimmer und WC
zieht der „Duft" in unsere Näh.

Der „Duft" man kann ihn kaum beschreiben,
macht sich die Wohnungsluft zu eigen,
da überlegt man sich geschwind
wo noch Corona- Masken sind.

Ob sie uns helfen weiß man nicht,
doch schaden werden sie wohl nicht.
Also, Versuch nimm deinen Lauf,
man setzt sich eine Maske auf.

Was doch den „Duft" nicht irritiert
der *fröhlich* weiter expandiert,
dazu müssen bei diesem *Leiden*
die Fenster fest verschlossen bleiben.

Stehen die Fensterflügel auf
und der *„Duft"* strömt dort hinaus
und ist dazu noch Wohnungswarm
gibt es schnell A-B-C Alarm.

Ist später dann, nach ein paar Stunden,
der *„Duft"* endlich restlos verschwunden,
will man die Ursache ergründen
denn irgendwo muss man sie finden.

Da! Ein Flacon, und man kapiert,
Mama hatte sich parfümiert.
Trotz *„Duftalarm"* ist eines klar:
Mama bleibt trotzdem wie sie war!

25.02.2024   (K.- F. L.)

Oft verworren

Menschen sind, leider sehr oft,
nicht so vernünftig wie erhofft,
häufig kann man bei ihren Taten,
Sinninhalte kaum erraten.
Verworren, wie manche reagieren,
lässt sich kein Inhalt extrahieren.
Dann sind, zeigt sich ganz schonungslos,
alle Mühen hoffnungslos.

Jedoch, man muss mit diesen Menschen leben
die manchmal Grund zu Zweifeln geben.
Das Leben ist, bekanntlich oft,
nicht so wie man es sich erhofft.
Natur und Zufall dirigieren
alle Dinge die passieren,
auch das man Menschen kennenlernt
von denen „ *Klarheit* " sich entfernt.

Das „*Dumme an der Sache ist* "
das man leider schnell vergisst
das die, die oft „*Vernunftfern* " scheinen
von anderen das gleiche meinen.
Jeder sieht sich „ *im rechten Licht* "
die andere Meinung gilt da nicht,
doch wär´ zu Wissen es nicht schlecht:
jeder hat irgendwann mal recht!

*****
22.02.2024   (K.- F. L.)

Gerichte

§

Ein Gericht ist ein Gericht,
soweit, so gut, so klar.
Als „*Teekesselchen* „ ist aber manchmal
seine Bedeutung nicht so klar.

§

Ein Gericht wird zubereitet,
zur Freude des, der es bestellt.
Nach der Art eines Rezeptes.
(davon gibt`s viele auf der Welt.)

§

Ein anderes bringt selten Freude,
wird man doch vor ihm verklagt.
Wird vor ihm, durch fragende Richter,
zu seinen „ *Schandtaten* „ befragt.

§

Das Küchengericht erfreut den Magen,
das Strafgericht liegt schwer darin,
aber beide haben im Leben
ihre Aufgabe und Sinn.

§

Genuss und Reue brauchen im Leben
ihre Ausgewogenheit,
weil, strafgerichtlich unbelastet,
man sich makellos erfreut.

§ § § § §

19.02.2024 (K.- F. L.)

Was der Dichter dachte

Drei Sätze sind noch kein Gedicht,
wenn sich auch Worte reimen,
nicht jeder Satz ist von Gewicht,
wenn manche das auch häufig meinen.

Mengen an Worte, Mengen an Sätze,
haben nicht den besonderen Wert,
den man durch konzentriertes lesen,
gekonnter Poesie erfährt.

Dann spürt man was der Dichter dachte
der solche Zeilen einst geschrieben,
die klug gesetzt, in Vers und Reime,
als Gedicht der Welt verblieben.

Große Namen, große Werke
schufen so die Gedichtkultur.
Viele ihrer großen Werke,
bleiben uns als ihre Spur.

*****

04.02.2024   (K.- F. L.)

Müllabfuhr

Zwischen sechs und sieben Uhr
ist ‚Mittwochs, bei uns Müllabfuhr.
Pünktlich ist dann,zu dieser Zeit,
der Müll, verpackt, abholbereit.

Farbige Tonnen und gelbe Säcke
stehen dann an der Abholstrecke
voll gefüllt, leerungsbereit,
vor den Häusern aufgereiht.

Mit Warnlicht kommt dann, irgendwann,
das Müllentsorgungsfahrzeug an,
um das fleißige Menschen eilen
„die dann all dem Müll eine Abfuhr erteilen"
(frei nach H. Erhardt)

Beladen fährt das Fahrzeug dann
eine Entleerungsstelle an,
von der es, als es ganz entleert,
zu neuer Müllbeladung fährt.

Am anderen Tag, zu gleichem Zwecke,
fährt es dann eine andere Strecke,
weil jedes Haus in unserer Stadt
immer neuen Abfall hat.

Egal ob´s regnet, stürmt, ob´s schneit,
die Müllwerker sind dienstbereit,
zum Glück, denn würden Sie sich davor drücken,
würden wir im Müll ersticken.

*****

01.02.2024   (K.- F. L.)

Eine Tatsache

Tatsache ist, es gibt noch heute,
selten, aber dennoch, Leute,
für die Lesen, für die Schreiben,
weiterhin schwer verständlich bleiben.
Die damit voll auf „Kriegsfuß" stehen
die „bildungsarm" durchs Leben gehen.

Ist diese Aussage wohl war?
Und wenn sie stimmt, wie lebt man da?
Ohne Lesen, ohne Schreiben,
wird man stets „hilfsbedürftig" bleiben.
Auf Hilfe angewiesen sein
kann nicht sehr motivierend sein,
denn Helfer, wird man lernen müssen,
blicken auch hinter die „Kulissen" .

Nun denn, das 1x1, … das A&O,
machen zwar nicht immer froh,
doch sie helfen ungemein
im Leben „selbstständig" zu sein.
Beherrscht man beides, wird dem Leben,
Zugang zur Schriftkultur gegeben.
Liest man sich dann in sie hinein
können Bücher Freunde sein.

*****

20.01.2024   (K.- F. L.)

Hochwasser und mehr

Hochwässer, große Katastrophen.
Viele Menschen sind in Not.
Wo man hinschaut Not und Elend,
dann ist Hilfe das Gebot.

Jede Hand, die hilft, ist wichtig.
Keine macht etwas verkehrt.
Jede Tätigkeit ist richtig,
da man durch sie Hilfe erfährt.

Zum Beispiel - Sandsäcke befüllen - ,
ein Einsatz von sehr hohem Wert,
weil dadurch anderen, durch Retter,
nötige Hilfe widerfährt.

Sind die Wasser abgelaufen
tritt das nächste Übel ein,
alles wird mit Schlamm und Unrat
bedeckt und überzogen sein.

Sind die Schäden dann behoben,
ist alles wieder blank und rein,
müsste man jeden einzelnen Helfer
für seinen Einsatz dankbar sein.

Da das leider nicht gehen kann,
bietet die Möglichkeit sich an,
sollte es nochmal nötig sein,
auch als Helfer tätig zu sein.

*****

07.01.2024   (K.- F. L.)

Oft überdreht

Man kommt unbedarft zur Welt,
frei von allem Wissen,
und die älteren Generationen
werden die Welt erklären müssen.

Aber das fällt manchmal schwer
weil man die Welt oft nicht versteht,
denn die Basis für das Leben
ist öfter völlig überdreht.

Was gestern galt, ist heut´ verboten,
jedoch morgen neu erlaubt.
Da fasst man sich doch an den Kopf.
Versteht das jemand überhaupt?

Menschen, die sich *berufen* fühlen,
„predigen": - Friede überall. -
Gleichzeitig ist Krieg in vielen Ländern
erklär das Kindern doch einmal.

Retter, die anderen helfen wollen,
werden häufig attackiert,
doch rufen die, die attackieren,
nach Hilfe, wenn ihnen was passiert.

Wie kann man da die Welt erklären,
die man oft selber nicht versteht
wenn auf ihr, an vielen Tagen,
viel widersprüchliches entsteht?

*****

05.01.2024   (K.- F. L.)

Feuerwerk

Jahreswechsel, ...Mitternacht,
es blitzt und zischt,
...es heult und kracht.
Feuerwerk aus Tradition,
darauf wartete man schon,
ist man doch selber mit dabei,
Prosit Neujahr,
...Feuer frei.

Raketen steigen in die Nacht,
entfalten ihre große Pracht,
wie feuerheiße Chrysanthemen
sieht man sie zur Erde schweben,
in hellen Farben, Rot und Gold.
(genau so hat man es gewollt).

Was die Feierlaune stört
ist, wenn man „*Martinshörner*" hört.
Dann leuchtet es sehr vielen ein:
„Spaß kann sehr schnell vorüber sein."
Drum muss man allen Dank aussprechen
deren „*Martinshörner sprechen*".

Mit Freude und ein wenig Glück
kommt die Festlaune zurück.
Das Feuerwerk klingt langsam aus,
einzelne gehen schon nach Haus,
wünschen sich Glück auf allen Wegen,
(morgen beginnt das große fegen.)
*****

03.01.2024   (K.- F. L.)

Auf ins All

Den Menschen konnte es gelingen
irdische Schwerkraft zu bezwingen.
Raketen flogen auf ins All,
ein Mondbesuch wurd´ fast normal.
Mondfähren flogen hin und her,
der Menschheit schien fast nichts zu schwer.

Es ist des Lebens übler Brauch
Unfälle gibt es leider auch,
das was von Menschen konstruiert
hat nicht immer funktioniert.
Leider auch bei den Weltraumflügen
konnten Unfälle,Technik, besiegen.
Doch es gab auch schon mal Glück,
Apollo 13 kam zurück.

Unfälle gab´s die auch Leben raubten,
auch denen die an den Fortschritt glaubten.
Sie bleiben für die Ewigkeit
leblos in der Ewigkeit.
Umkreisen dabei, Jahr für Jahr,
das was mal ihre Heimat war,
die Heimat , diesen Punkt im All,
den schrecklich schönen, blauen, Ball.

*****

02.01.2024   (K.- F. L.)

Was daraus entstand

Menschen haben auf der Welt
schon sehr viel Unheil angestellt.
Im Paradies fing es einst an,
die erste Frau bot ihrem Mann
einen verbotenen Apfel an,
der biss unüberlegt hinein,
...die Folgen sollten Furchtbar sein.

Sie waren fürchterlich und Mies,
sie flogen aus dem Paradies,
das man danach nie mehr gesehen,
drum ist seitdem viel Leid geschehen,
Leid, das durch Hass und Unverstand,
immer reichlich Nahrung fand
bei Kain und Abel fing es an
wie man es heute lesen kann.

Der Vorgang ist, so lässt sich lesen,
der erste Brudermord gewesen.
Nach diesem schlimmen, ersten Mord
war der Menschheit Unschuld fort,
durch die Gewalt aus Menschenhand,
damals noch, eine Sperre fand.

Was daraus wurde, was geschehen,
kann die Menschheit heute noch sehen.
Es wird gestohlen und geraubt,
Hass und Gewalt wohin man schaut,
der Friede ist auf ewig fort,
den gab´s nur vor dem ersten Mord.

*****

01.01.2024   (K.- F. L.)

Wer kann das sein ?

Man kann es beinahe nicht glauben,
es kann schon fast den Atem rauben,
da tauchen plötzlich Fotos auf
da sieht man *fremde* Menschen drauf,
gekleidet wie vor Tag und Jahr
es sicherlich mal Mode war,
sie halten lieb sich an der Hand,
uns aber sind sie unbekannt.

Wenn man diesem Foto glaubt
sind sich die beiden sehr vertraut,
denn wie man deutlich sehen kann
schauen sie sich zärtlich an.
Das Foto, bildet man sich ein,
könnt´ ein Verlobungsfoto sein,
denn was man auf dem Foto sah
kam einem Studio sehr nah.

Die Frage bildete sich klar:
„Wer war es, dieses junge Paar?"
Dann, irgendwann, leuchtet es ein,
das müssen Oma und Opa sein.
So lässt vom Foto sich erfahren
das sie mal junge Menschen waren,
was man beinah nicht glauben kann
schaut man sie sich heute an
jedoch, was lernen wir daraus?
„Auch wir sehen später anders aus."

*****

29.12.2023   (K.- F. L.)

Die Erinnerung bleibt

Oma *hängt* im Schlafgemach
im Traum gern alten Zeiten nach,
dieweil der Opa rockt und swingt
wenn er La Paloma singt,
wobei er sich verzweifelt fragt
wer das damals gesungen hat.   * H. Albers
Dann reißt ihn die Erinnerung fort.
Er rockt beinahe im Akkord.
Pendelt den Gehstock hin und her,
als ob´s wie damals, Oma, wär´,
die er, gerade lieb gewonnen,
gerne in den Arm genommen
und Oma, damals junge Frau,
erinnert sich auch ganz genau.

An die schüchtern, scheuen Blicke
die unsichtbare Liebesbrücke,
an die Briefe, die man schrieb,
„Mein lieber Schatz, ich hab dich lieb!"
an das innerliche Feuer,
das manchmal wie ein Höllenfeuer,
aber mit seiner großen Macht
liebende zum Paar gemacht.

Nun sind das viele Jahre her,
die jungen Leute gibt´s nicht mehr,
sie zählen heute zu den Alten,
brauchen nichts mehr *geheim* zu halten,
um sich in ausgesuchten *Ecken*
vor Elternblicken zu verstecken,
egal was man von früher schreibt,
die Erinnerung, sie bleibt.

*****
28.12.2023   (K.- F- L)

-67-

Traurig aber wahr

Was man einst konnte ist vergangen,
heut´ bremst das Gehen schnell ein Stock.
Die Natur zeigt ihr Verlangen,
dessen Härte oft ein Schock.

Schnell, geht plötzlich nur noch langsam,
Töne hört man nur noch laut,
auch die Augen werden schwächer,
nichts erscheint mehr wie vertraut.

Im Gegenteil,
man braucht, damit es weitergeht,
Rollator, Brille, Hörgerät,
auch länger Stehen fällt recht schwer,
hier muss schon mal ein Stehstuhl her.

Arztpraxen, die einst fremdes Land,
werden allmählich sehr bekannt,
und mit Spritzen, Tropfen, Pillen,
erfüllt man der Doktoren Willen.

Ein Problem beim älter werden
ist wenn *Ventile undicht* werden,
was, wie man es aus der Technik kennt,
den Regelablauf schrecklich hemmt.

Das ist alles nicht sehr heiter,
wichtig ist, es geht trotzdem weiter,
und kann man nicht flexibel sein,
muss man für Hilfe dankbar sein.

*****
23.12.2023   (K.- F. L.)

Ein großer Wunsch

Noch einmal Weihnachten, ...wie schön !
Noch einmal Baum und Krippe seh´n.
Wer weiss, wie oft ich das noch kann,
ich bin ja schon ein alter Mann.

Wie schön die Krippe aufzustellen,
da ist sehr viel Gefühl dabei
und setzt, wie einst in Kindertagen,
die Freude auf die Weihnacht frei.

Dann anschließend den Baum zu schmücken
verstärkt die Vorfreude noch mehr,
stellen doch Kugeln und Lametta
das altbekannte Festbild her.

Dazu die vielen Heimlichkeiten,
Geschenke kaufen und verstecken,
hoffend, das die. die sie erhalten sollen,
vor Weihnachten auch nicht entdecken.

Denn sehr oft gehen *Weihnachtsmäuse*
vorab auf Entdeckertour
und hinterlassen am versteckten
für den Verstecker keine Spur.

Ist die Weihnachtszeit vergangen
stellt der große Wunsch sich ein
beim vorbereiten auf das Weihnachtsfest,
im neuen Jahr, dabei zu sein.

*****

21.12.2023   (K.- F. L.)

Vor dem Heiligen Abend

Die Tage vor dem Heiligen Abend
sind eine anstrengende Zeit,
Arbeit gibt es noch in Massen
aber leider fehlt die Zeit.
Mama *wirbelt* in der Küche
Papa zieht sich *dezent* zurück
denn er befürchtet in der Küche
lässt er Chaos nur zurück.

Er will lieber den Baum besorgen,
doch meistens läuft da etwas schief,
denn man erinnert sich an früher,
als Mama erschrocken rief:
„Wat is datt denn für ein Baum?
 Den kannze inne Tonne haun.
 Der is ja völlich schief un krumm!"
Doch Papa kümmert sich nicht drum
weil er zu Heini, seinem Wirt,
als Weihnachtsflüchtling emigriert.

Dort sitzt so mancher Emigrant
der vom Vorjahr noch bekannt,
und man erzählt sich nun Geschichten
die von der Vorjahrsflucht berichten
wobei jeder ein *Weihnachtsheld*
aber der Funke Wahrheit fehlt.
Dann, irgendwann, ruft Heini aus:
Feierabend! Ab nach Haus!
Und wünscht dazu auf jeden Fall:
„Fröhliche Weihnacht überall!"
*****

20.12.2023   (K.-.F. L.)

Zum Weihnachtsfest 2023

In eine Welt voll Hass und Neid
zieht sie ein, die Weihnachtszeit,
bringt Weihnachtsmärkte, Tannenbäume,
und weckt in Kinderherzen Träume,
(aber die Wirklichkeit, o Graus,
sieht leider, leider anders aus.)

Trotzdem, weihnachtliche Orgelklänge
dringen aus den Kirchenräumen.
Orchester, Chöre, Solostimmen,
lassen musikalisch träumen.
Altbekannte Weihnachtslieder
wecken nun Erinnerungen,
hat man sie doch, damals als Kind,
mit der Familie gesungen.

Damals, auf das *Christkind* wartend,
wollten die Stunden nicht vergehen,
dann durften wir, nach Glöckchentönen,
in das Weihnachtszimmer gehen.
Der Gabentisch,die bunten Teller,
das Kerzenlicht am Weihnachtsbaum,
sind heut´ nur noch Erinnerungen,
sind heute nur noch lieber Traum.

*****

20.12.2023   (K.- F. L.)

Ein Adventskalender

Vierundzwanzig kleine Türchen
führen hin zur Heiligen Nacht
und jeden Tag wird, im Dezember,
ein Türchen davon aufgemacht.

Jedes hütet ein Geheimnis,
etwas ist hinter ihm versteckt,
meistens irgend etwas süßes,
das Kindern ganz besonders schmeckt.

Je mehr Türchen geöffnet werden
je näher kommt das Weihnachtsfest,
und wird die größte Tür geöffnet
ist es da, das große Fest.

Ist dann - *das Christkind* – da gewesen
und hat alle reich beschenkt,
ist die Adventszeit abgelaufen,
wird der Kalender abgehängt.

Dessen *Auftrag* ist erledigt,
er wird als Restmüll jetzt entsorgt,
doch wird zum Ende des November
ein gefüllter, neu besorgt.

*****

19.12.2023   (K.- F. L.)

Eine Feststellung

Ein Dichter hat einst festgestellt:
Es gibt sehr vieles auf der Welt
das sich nicht erklären lässt.
Wir halten drum an allem fest
was Worte uns beschreiben können,
und helfen *Fremdes* zu benennen.

Doch was ist *Fremdes* überhaupt
das man nicht zu erkennen glaubt?
Wie wird man fehlendes eigenes Wissen
verständlich, klar, erklären müssen?
Denn, was manchem sich gedanklich sperrt,
ist anderen nur ein *Lächeln* wert.

Der Wortsinn - *Fremd* - ganz allgemein,
wird sehr oft *Fremd* für viele sein,
man nutzt ihn, je nach Wissensstand,
gibt so kein Unwissen bekannt
weil niemand - *Dummheit* - dann erkennt
wenn Unwissen man *Fremd* benennt.

****

17.12.2023   (K.- F. L.)

Schreiben ?

Könnte ich Schreiben,
ich würde es tun.
Ich würde nicht rasten,
ich würde nicht ruh´n ,
ich würd´ meine Gedanken zwingen
etwas zu Papier zu bringen.

Aber Halt!   Da geht´s schon los.,
über was schreibt man denn bloß ?
Es darf kein gutes Thema fehlen,
aber: *woher nehmen wenn nicht stehlen?*   *
schnell hat man etwas falsch gemacht
dann gibts den Plagiat-Verdacht.

* = Sprichwort

Wo ist das Thema, das interessiert
und nicht gleich zum Papierkorb führt (?)
man fragt sich auch: was schreibt man wie (?)
(das kostet sehr viel Energie.)
Mir fällt dazu nicht sehr viel ein,
drum werd ich nie ein *Schreiber* sein.

*****

10.12.2023   (K.- F. L.)

Reisen bildet

Der Mensch, zum Fliegen nicht gedacht
doch gerne weite Reisen macht
muss die Entfernungen bezwingen
die ihn zu seinen Zielen bringen.

Wie kommt er nun von -A- nach -B- ,
durch die Luft, über die See ,
an die Orte in der Welt
die er sich zum Ziel gestellt?

Nun leben wir in dem Jahrhundert
wo Urlaubsplanung nicht verwundert,
da Autos, Schiffe, Flugmaschinen,
als Transportfahrzeuge dienen.

Dann an seinem Reiseziel
erlebt der Urlauber recht viel
und sieht wie dort die Menschen leben,
das wird ihm neues Wissen geben.

Nach ein paar Wochen Urlaubsglück
führt dann der Weg wieder zurück,
daheim erzählt er gern und viel
und plant das nächste Urlaubsziel.

*****

04.12.2023 (K.- F. L.)

Was verbleibt?

Der Menschen Macht, solang sie Leben,
mag übermäßig, ...wichtig sein,
doch was verbleibt wenn einst Sie sterben,
was wird davon noch übrig sein?

Nichts,
Leben und Macht gehen verloren,
der Rest vergeht irdisch korrekt.
Die, die in Machtgefühlen schwebten,
werden nicht auf´s neu erweckt.

Nun,
man wird sich zwar an sie erinnern,
an ihren Auftritt, ihr Erscheinen,
was sie taten, was sie ließen,
an das durch sie erzeugte Leiden.

Gut,
es gibt bestimmt häufig noch Menschen
die oft an das vergangene denken,
konnten sie doch damit Leben
passten sich an, ließen sich lenken.

Doch,
was vorbei ist, ist vorbei.
Alles vergeht, auch Leiden.
Doch wichtig ist, das in Jahrzehnten
Menschen nicht wieder gleiches schreiben.

*****

04.12.2023   (K.- F. L.)

Götter & Co.

Im Himmel wurd´ es ziemlich Enge,
es gab ein heftiges Gedränge,
denn Menschen vieler Religionen
ließen dort ihre Götter wohnen.

Die Götterväter Zeus & Co.
fühlten sich dort richtig froh.
Es gab im Himmel Platz in Massen,
sie konnten sich bedienen lassen.

Das reizte dann, naturgemäß,
die Halbgötter, wie … Herkules,
Ihr Wunsch lag tief in dem Bestreben
selbst auch wie Zeus & Co. zu leben.

Doch Wunscherfüllung braucht oft Zeit,
und manchmal auch Gelegenheit,
doch fehlt ein Teil von diesen beiden,
muss ein Halbgott, Halbgott bleiben.

Nun gibt´s die Götter heut´ nicht mehr,
der Himmel ist beinahe leer,
doch wird er das nicht lange bleiben,
weil die Menschen Raumfahrt treiben.

Mit Sputnik fing die Raumfahrt an
sein Piep – Piep – Piep, das kannte man,
und würd´ es heut´ noch Götter geben
würden sie sehr gefährlich leben.

*****

30.11.2023   (K.- F. L.)

Ein Ball im All

Die Erde ist ein „Ball" im All
und zieht dort ihre „Kreise",
jedoch sie zieht nicht „frei" umher
sondern in vorbestimmter Weise.
Kein Fluglotse und kein Radar
bestimmen ihre Bahn,
denn die hat „jemand" so durchdacht
das sie frei fliegen kann.

Ja, *unfallfrei* fliegt dieser Ball
seit Ewigkeiten durch das All,
  „Karambolagen" gab´s schon mal
doch das ist sicher ganz normal.
Denn bei den vielen Gegenständen
die durch des Weltalls Weiten fliegen
wird selbst, auf vorbestimmten Bahnen,
man schon mal Einschläge abkriegen.

Zwar stellten sich auch Treffer ein,
doch blieben die Schäden, zum Glück „klein" .
Selbst heute noch, sind hier und da,
von solchen Treffern Spuren da,
so ist von dem was einst geschehen,
auch heut´ noch einiges zu sehen.
Auch zukünftig wird es so ein,
schlagen auf Erden Treffer ein,
mit kleinen Schäden, muss man hoffen,
bei großen bleibt das Ende offen.

*****

29.11.2023   (K.- F. L.)

Abends

Als Kind fand ich das immer nett
Oma saß an meinem Bett,
erzählte – Gute Nacht Geschichten - ,
ließ mich von meinem Tag berichten,
hörte mir geduldig zu,
und wünschte eine gute Ruh.

Von meinem Bett, das war sehr schön,
konnte ich durch ein Fenster sehn,
ich sah das Leuchten vieler Sterne,
sah deren Gruß aus weiter Ferne,
nahm dieses Bild tief in mich auf,
endete doch so des Tages Lauf.

Dann war es irgendwann gelungen,
Morpheus hielt mich fest umschlungen,
ich schlief dann „eingekuschelt – warm"
friedlich in seinen Armen ein,
Oma verließ leise den Raum,
und ich sank tief in einen Traum.

Das sind nun viele Jahre her,
und was ich träumte
weiß ich nicht mehr,
doch das Wissen bleibt bestehn
die Abende, ...sie waren schön.

*****

24.11.2023   (K.- F. L.)

26 Buchstaben

26 Buchstaben, sie sind das deutsche Alphabet.
Von - A bis Z - beschreiben sie
wie die Welt sich um uns „dreht,"
und setzt man Buchstaben zusammen,
bilden sie ein gewolltes Wort,
viele Worte werden Sätze
und treiben Unwissenheit fort.

Aus vielen Sätzen werden Bücher,
mit anspruchsvoller Literatur.
Atlanten, Schulbücher, Journale,
Nachrichten, Kochrezeptur,
Berichte von Expeditionen
und Weltraumflügen, bedeutungsschwer,
was wir sonst nie erfahren würden,
erfahren wir und vieles mehr.

Die Buchstaben bedeuten Wissen,
Schreiben und Lesen sind Bildungsgut,
sie führen Erlebnisreich durchs Leben
mit „Schreibfreude und Lesewut."
Sie lenken das Zusammenleben,
denn Wissen ist Können, Können ist Macht,
sogar Gesetze und Paragraphen,
sind Buchstaben, zu Papier gebracht.

Was wüssten wir von all den Menschen,
den Forschern und Denkern dieser Welt,
wenn nicht das schlichte -ABC -
deren Wissen, uns erhält?
Nichts !... Nur Buchstaben geben Bericht,
und ohne diese „ kleinen Zeichen"
gäb es auch Gottesbücher nicht.

*****

21.11.2023   (K.- F. L.)

Eltern

Eltern sind ab und zu *ein Graus,*
doch ohne sie kommt man nicht aus,
denn würde es keine Eltern geben
gäb´s keinen Nachwuchs, gäb es kein Leben.

Nun sind im Leben, garantiert,
häufig Probleme programmiert,
denn was die älteren schon wissen
werden die jungen lernen müssen.

Und das erlernen ist nicht leicht
weil, sich bemühen, oft nicht reicht,
und niemand trägt daran recht Schuld,
es fehlt nur einfach die Geduld.

Elternwissen und Jugenddrang
unterliegen oft dem Zwang
das eigene Wollen zu gestalten
und andere Wünsche fern zu halten.

Generationen kommen, ...gehen,
aber das Wissen bleibt bestehen,
dass die, die in der Jetztzeit Kind,
zukünftig selber Eltern sind.

Wieder läuft alles seinen Gang,
Elternwissen, … Jugenddrang,
alte Themen , neue Streiter,
und so weiter, ...und so weiter.
*****

19.11.2023   (K- F. L.)

Nicht schon wieder

Dritter Weltkrieg.
Zwei schlimme Worte,
Worte voll Schmerz und Schrecken.
Sie werden wieder ausgesprochen,
man hört sie aus verschiedenen Ecken.
Vereinzelt zwar, und noch ganz schwach,
aber sie sind da.
Das setzt in mir die Frage frei:
sind wir ihm schon tatsächlich nah?

Durch *Einsetzung warnender (?) Worte,*
nutzt man die Gegenwart geschickt,
wenn man *getarntes eigenes Denken*
in die Öffentlichkeit schickt.
Hat die Welt denn schon vergessen
was passiert wenn Wahrheit siegt (?)
und als „ *Lohn* " für falsche Worte
die halbe Welt in Scherben liegt ?

So ein gefährliches Gerede
ruft das, wovor es *warnt*, herbei.
Macht es doch , auch mit kleinen Schritten,
den Weg, zu solchem Übel frei.
Solche *bösen Raffinessen*
waren schon früher mehrfach da,
die Nutzer nannte man *Demagogen*
sind die auch heute wieder da ???

Gegen die muss man sich wehren,
haltet Augen und Ohren auf,
sonst nehmen die zwei schlimmen Worte
ihren unheilvollen Lauf.

*****
14.11.2023   (K.- F. L.)

Aus dem Leben

Alles hat seine Grenzen,
egal woran man denkt,
alles hat seine Grenzen
weil uns das Leben lenkt.
Es bestimmt den Lauf der Dinge,
ihren Anfang und ihr Ende,
es bereitet alle Wege,
alle Freuden, alle Zwänge.

Die Wege die das Leben führt
sie sind nur ihm bekannt,
drum nimmt es uns, zur Sicherheit,
ganz fest an seine Hand.
So laufen wir nicht *in die Irre*,
gehen auf vorbestimmter Spur,
dessen Richtung, dessen Tempo,
bestimmt des Lebens Diktatur.

Doch Diktatur heißt fremder Wille,
und schließt eigenes Denken aus,
fremdbestimmt nimmt so das Leben
seinen, von ihm gewollten Lauf.
Doch auch er findet ein Ende,
weil das Schicksal es so will.
Denn alles findet mal ein Ende
und steht auf Ewigkeiten still.

*****

13.11.2023   (K.- F. L.)

Wie das Leben so spielt.

Nach neun Monaten *Werdezeit* ,
ist irgend wann der *Punkt* erreicht
da schockt das Schicksal diese Welt,
weil es uns dort hineingestellt.

Ein bedauernswerter *Ort*
wird dann der erste Heimatort.
Vom Schicksal bestimmt, ... nicht ausgewählt,
weil Kleinkindern das *Wahlrecht* fehlt.

Eltern, wie auch das Elternhaus
die sucht sich auch kein *Erdling* aus.
Die sind durch das, *was einst passiert,*
dem Kind auf Dauer *zudiktiert.*

Weiterhin wird´s in jedem Leben
Ereignisse und Zufälle geben,
wie Schule, Arbeit, Militär,
die machen oft das Leben schwer.

Tritt dann der *Liebes-Zufall* ein
und Menschen wollen zusammen sein,
wird, man kann es fast erwarten,
bald wieder neues Leben *starten.*

Hat dann das Leben zugeschlagen,
und Nachwuchs liegt im Kinderwagen,
lernt man schnell, wenn das Baby schreit,
Freude erzeugt Hilflosigkeit..

*****

11.11.2023   (K.- F. L.)

Schneeballschlacht

1951 wurde ein Lied geschrieben
das, wie seine Sängerin, *
bis heute sehr bekannt geblieben.
- *Hei, hei, hei, so eine Schneeballschlacht-*
so beginnt des Liedes Text,
der sich in die Ohren grub
und sich auf Dauer festgesetzt.

- *Hei, hei, hei, so eine Schneeballschlacht -*
Schneeballschlacht ?
        Ja, Schneeballschlacht.
Aber, dazu braucht man doch Schnee !
Den hält Frau Holles Bettzeug bereit
durch das es, wenn man es schüttelt,schneit.

Diesen Schnee, der dann gefallen,
nehmen Menschen in die Hand,
formen handlich große Ballen,
- Schneeball- werden sie genannt,
pressen diese fest zusammen,
verbessern die Stabilität,
und so die Chance , das nach dem Werfen,
er, wie gezielt, auch niedergeht.

Aber dann, nach ein paar Stunden,
völlig durchnässt und durchgefroren,
eiskalt die Füße und rot die Ohren,
wird das Werfen eingestellt.
Doch man wünscht, das spätestens Morgen,
wieder kräftig Neuschnee fällt.

*****

* = Cornelia Froboess

09.11.2023   (K.- F. L.)

Im Herbstwald

Es raschelt und raschelt
wie zu Kinderzeiten,
wenn wir, hoch im Erwachsenenalter,
durch herbstlich bunte Wälder schreiten.
Wenn das Laub der vielen Bäume,
das jetzt den Waldboden bedeckt,
mit seinem rascheln, seinen Geräuschen,
Erinnerungen in uns weckt.

Einst formten wir aus Herbstlaub Ballen,
möglichst hoch, und möglichst viel,
die wurden dann ‚mit hellem lachen,
und „Hechtsprüngen" zu unserem Ziel.
Von den hochfliegenden Blättern
suchten wir uns die schönsten aus,
nahmen sie als Erinnerungen
(und zum trocknen), mit nach Haus.

Dort legten wir sie dann in Bücher,
(wo man sie noch nach Jahren fand)
und nahmen sie, uns gern erinnernd,
zum betrachten in die Hand.
Gleich kamen die Erinnerungen
an die vergangenen Jugendzeiten,
weckten in uns erneut den Wunsch
durch herbstlich, buntes, Laub zu schreiten.

Nun, was hält uns davon ab?
Lasst uns doch einfach gehen,
und lasst uns, wie zu Jugendzeiten,
raschelndes, buntes, Herbstlaub sehen.
*****

09.11.2023   (K.- F. L.)

Nichts ist umsonst

Alles kostet seinen Preis,
nichts wird ohne Wert vergeben,
selbst der Tod hat einen Preis,
kostet er doch stets das Leben.

Wer erkrankt zahlt mit Gesundheit,
Leichtsinns-Preis ist oft Verlust.
Unwahrheit vertreibt Vertrauen
auf Sand bauen bringt keine Lust.

Alter kostet Beweglichkeit
erfreuen auch die Jahre,
man zahlt mit der Selbstständigkeit
bisheriger Lebensjahre.

Kosten, Kosten , nichts als Kosten,
man muss für alles zahlen,
teuer ist selbst die Medizin
zur Linderung von Qualen.

Das Leben ist, so lernt man nun,
das teuerste auf Erden,
und wer sich das nicht leisten kann,
muss daher früher .... !

*****

07.11.2023   (K.- F. L.)

-

Pi mal Daumen

Um das Leben zu gestalten
muss man reden, ...sich unterhalten,
das geht mit Worten, Gesten, Zeichen,
und Abkürzungen die manchmal reichen,
da ist man : - *Herr im eigenen Haus, -*
- arm wie eine Kirchenmaus, -
- muss so die Chance beim Schopfe fassen,-
- Leben und andere leben lassen. -

- Ebbe ist oft im Portemonnaie, -
krank wird man schnell so weiß wie Schnee, -
- rechts vor links zeigt jedermann
den Ablauf vieler Dinge an, -
- und oft sagt man, wenn Unheil droht:
wir sitzen alle in einem Boot, -
*(*wodurch jedoch nicht deutlich wird,
wer rudert und wer kommandiert.)

- Gräbt jemand, anderen, eine Grube
fällt dieser Mensch schnell selbst hinein, -
und damit zeigt sich , klar und deutlich,
- Unrecht Gut wird nicht gedeihn.
(was leider, selten, sich bestätigt,
schaut einfach in die Welt hinein.)
- da, wo Licht ist ist auch Schatten -
*(*wo kommt sonst mancher Reichtum her ?).

Das wird man leider nie verraten,
denn ehrlich sein ist manchmal schwer
und so erfährt man ungewollt :
- reden ist Silber, schweigen ist Gold.-
*****

31.10.2023   (K.- F. L.)

Gedankenlos ?

Ab und zu, da hielt man gern
alle Gedanken von sich fern,
man säße gern, am liebsten stumm,
schweigend in der Wohnung `rum,
stoppte jeden Gedankenfluss,
und machte mit Sorgenzwängen Schluss.

Das ist zwar ziemlich schnell gedacht,
aber nicht sehr schnell gemacht.
Denn, um sich von Sorgen abzulenken
muss man natürlich an sie denken,
was Ruhewünschen widerspricht,
doch ohne denken geht das nicht.

„ Gezielt denken „ muss ja nicht sein ,
manchmal fällt einem etwas ein,
zum Beispiel, irgendwelche Lieder,
die *kommen* immer, immer wieder.
Es gibt nichts, das den *Vorgang* stoppt.
Man fühlt sich durch ihn schwer gemobbt.

Dieses ungewollte denken
wird *Ruhemöglichkeiten* senken.
Von wegen, Meditative Ruh´,
Mobbing – Denken lässt das nicht zu.
Aber, hört dieses *Mobbing* plötzlich auf,
nimmt man das liebend gern in Kauf.

Wunderbar, man freut sich sehr.
Wo kommt diese Ruhe her?
Die Antwort möchte man gern wissen,
(als Gedanken – Ruhekissen)
jedoch, die Wahrheit drückt schwer nieder,
beginnt das Denken nicht schon wieder . (?)

*****

29.10.2023, (K.- F. L.)

Das große „Etwas"

Viele Menschen auf der Erde
glauben an eine *„große Kraft"*
an *„irgendetwas"* das dem Leben
Hilfe, Stärke, Sinn, verschafft.
Dieses *„Etwas"* bekommt Namen
(nach gelebter Religion)
allein der Glaube an dieses *„Etwas"*
hilft so manchem Menschen schon.

Es gibt so manches, das im Leben,
sich ‚irdisch, nicht erklären lässt. (frei nach Shakespeare, Hamlet)
hilft der Glaube an das *„Etwas"*
das den Mensch` verstehen lässt.
Dies *„Etwas"* ist zwar unvorstellbar
und wird durch Bilder nie erfasst
doch durch den Glauben erhält das *„Etwas"*
das *Bild*, das zu dem Gläubigen passt.

Dies Bild, das man *im Herzen trägt*,
das den Wert des Lebens prägt,
zeigt den *Sinn des Guten* auf
und hofft auf dessen starken Lauf.
Woran man glaubt, wie man auch spricht,
Mord und Totschlag fordert es nicht!
Es will das man den Nächsten liebt
was meist ein gutes Echo gibt
und das man, was nicht oft passiert,
des Anderen Glauben akzeptiert.
Wie man sich auch das „Etwas" denkt,
ES ist es, das das Leben lenkt.

*****

27.10.2023   (K.- F. L.)

Ihre Rache

Das Wesen „ Mensch" hat diese Welt,
verändert, *auf den Kopf gestellt.*   (Redewendung)
Was durch Naturkräfte entstanden,
die Jahrtausende gebraucht,
zerstört der Mensch *„in Augenblicken"*
Hauptsache ist: *„Der Schornstein raucht. "* (Redewendung)

Von der Keule bis zum All – Flug
war es eine lange Strecke,
die der Mensch, nutzend , bewältigt,
nutzend für die eigenen Zwecke,
die zwar zu seinem Sein gehören,
doch die Natur, … die Welt, zerstören.

Die wehrt sich nun mit ihren Kräften.
Setzt sie rund um den Erdball ein.
Erdbeben und Wirbelstürme
werden zwei ihrer Mittel sein.
Zwei ihrer Mittel, nur zwei von vielen,
denn ihr Depot ist übervoll,
sie lässt die Welt die Strafen fühlen
die sie erhalten wird und soll.

Ungewohnte Temperaturen, Wolkenbrüche,
Hagelschlag, Blitzeinschläge, große Brände,
Katastrophen Tag für Tag.
Der Permafrost aus Böden schwindet
und setzt dadurch Methangas frei,
das trägt dann bei der Erderwärmung
zu großer Schadenswirkung bei.

Daher:

Was gequält wird, wird sich wehren,
so ist das auch mit unserer Welt.
Wir sollten schnell viel Gutes leisten
damit sie uns noch lang behält !!!

*****

25.10.2023, (K.- F. L.)

Unbeschreiblich

Es gibt kein Wort um zu beschreiben
was auf der Erde vor sich geht.
Wie grausam Menschen sind und bleiben
wenn es um Ihren Einfluss geht.

Denen, die an den *Hebeln sitzen,*
ist nicht unbedingt zu trauen,
da sie, sehr oft (wenn Sie entscheiden)
nur auf den eigenen Vorteil schauen.

Das ist fast menschlich,fast normal,
und geschieht oft, ...fast überall,
wobei das, wofür Menschen *drehen,*
das kann hin, bis zu Kriegen gehen.

Dann werden wieder Menschen sterben
und viele werden Heimatlos,
doch *wichtig ist* für die *die drehen*
Ihr Profit strömt Rücksichtslos.

Auch *toll* ist, jene die da *drehen,*
wird moralisch nichts bezwingen,
Sie lassen sich, im Fall des Falles,
in ein sicheres Ausland bringen.

Dort leben Sie vom *Geld des Todes,*
was Ihnen keine Skrupel bringt,
denn wie *Vespasian* schon sagte,
es ist bekannt, *„dass Geld nicht stinkt"*.
Vespasian: - pecunia non olet -
*****

21.10.2023   (K.- F. L.)

Freude und Qual

So ist das leider nun einmal,
das Leben ist Freude, das Leben ist Qual.
Das Leben,es ist eine Reihe von Tagen
in denen Freude und Leid um den *Tagessieg* jagen.

Der *Sieger,* er wird durch das Schicksal bestimmt,
der so dirigiert, die Regie übernimmt.

Der Ablauf der Tage ist somit verschieden,
was in dem einen erfreut,
wird in dem anderen gemieden,
Der *Sieger* des Tages spendet Freude und Qual,
sogar gleichzeitig allen, im irdischen Tal.

Da gibt es dann die, denen Fortuna gelacht,
denen sie riesige Freude gebracht,
gleichzeitig aber wurden jene vergessen
welche von Sorgen und Qualen besessen.

Tja, so ist das nun einmal,
das Leben **ist** Freude, das Leben **ist** Qual,
man kann als Mensch sich nur bemühen
für sich, Gewinn aus ihm zu ziehen.

*****

16.10.2023   (K.- F. L.)

Ein großes Erbe

Im *Dichterhimmel* sitzen Sie,
die altehrwürdigen Poeten,
und reden über Ihre Zeit,
über Ihr Dichterleben.

Sie *sprechen* über all die Werke
die einst durch Sie entstanden,
zeigen durch Ihre Vortragsart
was bei der Dichtung, sie, empfanden.

Viele Namen der *Poeten*
sind heute leider unbekannt,
aber deren Werke bleiben
vielen Menschen gut bekannt.

Als Schatz der Weltliteratur
benennt man sehr oft Ihre Zeilen,
in deren Kraft und Aussagen
viele Menschen gern verweilen.

Ob im Antiken Griechenland
oder in unseren Zeiten,
zu jederzeit wird *Dichtergeist*
das Leben auf der Welt begleiten.

Die mit ihm erstellten Werke
verschönern Zeit und Leben,
hoffentlich wird es noch oft
Treffen im *Dichterhimmel* geben.

*****

13.10.2023   (K.- F. L.)

Damals, nach der Schule

Spielen war unser - A & O - ,
Mittags hielt uns nichts im Haus.
Nach der Schule, ...Mittag essen,
...Schularbeiten *, ...und dann raus.

Die Straße bot uns Platz zum spielen,
denn Autos gab es noch nicht viele.
Völkerball und Seilchen springen
waren da zwei unserer Spiele.

Murmeln kicken, (möglichst viel)
Verstecken, ...Fangen, ...Fußballspiel,
dabei *Nachbarn* zu bezwingen
wünschten wir uns, mög´ oft gelingen.

Wir waren Champions (im kleinen)
war uns ein solcher *Sieg* geglückt
und gaben großzügig Revanche,
hoffend das noch ein *Sieg* uns glückt.

Abends, wenn die Glocken klangen,
war es mit dem Spielen aus.
    Feierabend.
       Tschüss bis Morgen.
          Das war´s für Heute.
            Ab ins Haus.
*****

12.10.2023 (K.- F. L.)

mundartlich : Schullas

Glück

Glück,
Glück kann man nicht kaufen,
kann man nicht erzwingen.
Glück das ist ein Wohlgefühl
das erfüllte Wünsche bringen.
Glück ist das erhalten
schmerzensfreier Zeiten.
Glück zu haben ist ein Wunsch
sich das Leben zu gestalten.

Nach – *Aristoteles – ist Glück
das höchste Gut des Lebens.*   (Zitat)
Damit ist es wahrscheinlich auch
das große Ziel des Lebens.
Gerade dadurch ist das Glück
von Mensch zu Mensch verschieden,
was den einen glücklich macht
wird von dem anderen gemieden.

Es zeigt sich: Glück ist kein Begriff
mit einem *festen Platz* im Leben,
Glück ist eher das Empfinden
das wir dem erlebten geben.
Glück wird selbst im Unglück liegen
bleiben Folgeschäden klein.
Daher wünscht man allen Menschen:
Sie mögen immer Glücklich sein.
* * * * *

10.10.2023   (K.- F. L.)

Ein großer Begriff

Ein Begriff den man gut kennt
ist der Begriff *Mutter Natur*.
So zollt man der Natur Respekt,
formt *sie* doch alles Leben nur.

Das Bild von Mütter, die liebevoll,
den Nachwuchs pflegen, schützen,
ist das was er erklären soll,
warum es Menschen nützen.

Mutter Natur, Leben der Erde,
universelle Künstlerin.
Mutter Natur, die Kraft dieser Worte,
gibt allem Leben einen eigenen Sinn.

Doch was würde die Natur *uns* sagen
könnte Sie mit uns reden ?
Vielleicht beklagte Sie,das wir,
zu wenig Dankbarkeit, ihr, geben.

Das Wort - Danke - reicht nicht aus,
denn wir dürfen durch Sie leben.
Wir müssen Ihr die Kraft, den Freiraum,
uns zu erhalten, geben.

Denn eines darf man nicht vergessen:
die Natur, *sie* braucht *uns* nicht (!)
doch können *wir* ohne *Sie* leben (?)
die Antwort heißt:
      Wir können nicht !!!
       *****

06.10.2023   (K.- F. L.)

Türen und Tore

Das Eingangstor zu meinem *Reich*
ist meine Wohnungstür.
Hinter ihr liegt *meine Welt,*
mein Name steht auf ihr.

Sie verschließt mein Hab und Gut.
Sperrt fremden Zutritt aus.
Spendet selbst dann noch Sicherheit
bin ich mal selber nicht zu Haus.

Anders herum: Bin ich aber doch zu Haus,
lässt sie mich ruhig schlafen.
Gibt das Gefühl von Sicherheit,
wie in einem sicheren Hafen.

Natürlich, Türen lassen sich zerstören,
das ist nicht immer zu verhindern,
doch lässt sich dieses Risiko
dank guter Türen kräftig mindern.

Sie trotzen Einbrechern und Dieben
und bieten ihnen Widerstand.
Erschweren kriminelles Handeln
erhöhen die Sicherheit im Land.

Türen und Tore bieten daher
ein großes Maß an Sicherheit,
dieses durch Pflege zu erhalten
hilft vor Einbruch, lange Zeit.

*****

03.10.2023   (K.- F. L.)

Verstecktes Wissen

Bretter die sonst die Welt bedeuten
tragen manche *vor dem Kopf.*
Der, dem solche *Zier* zu eigen,
ist ein wahrlich armer *Tropf*

Seine *Kopflast* bremst sein Leben,
unsichtbar zwar,doch sehr direkt.
Mag er sich auch viel Mühe geben,
Wissen bleibt vor ihm *versteckt.*

Sein Wirken ist oft unverständlich,
Denken erzielt keinen Gewinn.
Sein Unwissen zu überwinden
haut durch das *Kopfbrett* auch nicht hin.

So lebt er, *oft schief angesehen,*
in seiner leicht maroden Welt.
Niemand kann ihn daraus befreien
weil, *durch das Brett,* der Zugang fehlt.

*****

01.10.2023   (K.- F. L.)

Bretter die die Welt bedeuten   * F. Schiller

Bretter die die Welt bedeuten,
die Redewendung ist bekannt,
aber was soll sie bedeuten,
wie kam der Ausspruch in das Land ?

Ursprünglich schuf ihn Friedrich Schiller.
In - *An die Freude* - merkt er an
das auf eben diesen Brettern
Phantasie Leben finden kann.

Sie schaffen nicht das große, neue,
auf ihnen wird stets dargestellt,
was irgendwer erdacht, … geschrieben,
was nicht veraltet in der Welt.

Bretter die die Welt bedeuten,
fester Boden der Kultur,
die Bedeutung dieser Worte
zeigt sich durch das benutzen nur.

*****

01.10.2023   (K.- F. L.)

Über die Zeit

Zeit ist immer da, jedoch man hat sie nicht,
doch hat man häufig soviel Zeit, das man darüber spricht.
Sie ist „die gute alte Zeit" die irgendwann mal war,
so stellt das Heute bereits Morgen,
die neue „ *gute alte* " dar.

Die Zeit verfliegt, man stellt schnell fest
das sich die Zeit nicht halten lässt.
Man merkt nur wie sie rasch vergeht
weil sich alles um sie dreht.

Will man jemandem Freude geben
schenkt man ihm Zeit aus eignem Leben,
hofft das er diese Gabe fühlt
und nicht glaubt das man seine stiehlt.

Die Zeit in der man lebt ist jetzt,
allein Sekunden trennen.
Gerade ist schon Vergangenheit
was kommt wird man Zukunft benennen.

Drum nutzt die Zeit die grad´ verfliegt,
nutzt ihre schönen Seiten,
sie sind im Augenblick vorbei,
für alle Ewigkeiten.

*****

29.09.2023   (K.- F. L.)

Mir fehlen die Worte

Zeitvertreib? ...Zeitvertreib.
Was ist das was die Zeit vertreibt?
Gibt es so etwas überhaupt
von dem man ohne Zweifel glaubt
das es etwas vertreiben kann
das man nicht einmal sehen kann?

Da macht sich doch die Frage breit:
Was ist das eigentlich „ die Zeit"?
Nun, Zeit ist erst einmal ein Begriff
der von der Welt Besitz ergriff.
Der vom Urknall an die Welt,
auf Ewigkeit, in Atem hält.

Zunächst, durch die Natur erdacht,
mit zwei Begriffen - Tag und Nacht - .
Darauf, von Menschengeist erfunden,
teilt man den Tag in viele Stunden,
was für die Menschheit wichtig war
so wurd´ ihr Leben einteilbar.

Nun kann ich nicht, wie große Namen,
den Begriff - Zeit - , den großen Rahmen,
mit richtigen Worten klug beschreiben.
Drum lasse ich es lieber bleiben.
Ich weiß nur: Zeit bekommt man nicht geschenkt.
Es ist oft später als man denkt.

*****

29.09.2023　　(K.- F. L.)

Seelenwanderung

Seelenwanderung.
Seelenwanderung?
Seelenwanderung!
Kann es sie wohl geben, die Seelenwanderung?
Möglich ist es, niemand weiß es.
Wenn ja, doch nicht in diesem Leben.

Man sagt von ihr sie tritt erst ein
war „Freund Hein" im Haus.
Danach hat sie dann *freie Bahn* ,
sucht einen neuen *Wirt* sich aus.

Auch dort bleibt sie nur *kurze Zeit* ,
siebzig bis achtzig Jahr,
so wie es in der Bibel steht
und wie es auch beim *Vorwirt* war.

Kommt dann „Freund Hein" wieder ins Haus
und sie hat neu die *freie Bahn,*
wandert wieder sie hinaus,
erneut fängt ihre Wanderung an.

So geht das dann für alle Zeit,
„Freund Hein" kann ihr nicht schaden.
Sie hilft dem jeweiligen *Wirt*
Gottes Wort in sich zu tragen.

*****

25.09.2023   (K.- F. L.)

Er verschwand

Er verschwand ganz still und leise,
der letzte Tag vom „alten" Lebensjahr.
Ein Lebensabschnitt wurd´ Geschichte,
ist im realen nicht mehr da.
365 Tage gehörte er zu meinem Leben,
ging er mit mir durch dick und dünn
und hat mir Freud und Leid gegeben.

Der Tag, der nun dem „Alten" folgt,
startet ein neues Lebensjahr,
es beginnt ein neuer Abschnitt,
dessen Dauer noch nicht klar,
doch jeder Tag, den ich erlebe,
...den ich erleben darf und kann,
wird ein Gewinn in meinem Leben
den man nur hoch bewerten kann.

Der erste Tag im neuen *Abschnitt*
bringt mich, wie auf einer Leiter,
eine *Sprosse* höher, eine *Sprosse* weiter.
Neue *Felder* tun sich auf,
manches bleibt auch beim alten,
und man weiß am ersten Tag nicht
was in ihnen so enthalten.
Egal, *was kommt, das kommt*,
ich darf nicht stöhnen,
ich muss mich nur, zuallererst,
an eine neue Zahl gewöhnen.

*****

24.09.2023   (K.- F. L.)

Ohne Anfang und Ende

Das meiste von allem hat ein Anfang und ein Ende.
Deutlich erkennt man der Dinge Beginn.
Ein Ende von manchem ist oft nur zu ahnen,
ein Ende,es kommt, doch es ist noch weit hin.

Doch gibt es auch *Dinge*, nur zwei will ich nennen,
die lassen nie Anfang und Ende erkennen,
eines davon kann man greifen, ...besehen,
das zweite jedoch nur gedanklich *verstehen*.

Das eine, der *Ring,* den man sieht, greift und trägt.
Das tägliche Schmuckstück, gehegt und gepflegt,
als Ehering, Freundschaftsring, zur Zierde der Hände,
doch wo ist sein Anfang und wo ist sein Ende?

Das nächste das sich aller Deutungen sperrt,
was man niemals erkennt, doch wovon man oft hört,
ist das was man *hilfsweise Ewigkeit* nennt,
von dem man nie Anfang und Ende benennt.

Zwei Dinge von vielen? Man wird es nie wissen,
und somit auch niemals auf ewig vermissen.
So lernt man es gibt noch sehr vieles auf Erden
das lohnenswert ist klar erkennbar zu werden.

*****

22.09.2023   (K.- F. L.)

Von 0 bis 12

Lüfte die es *eilig* haben
stürmen über Stadt und Land,
errichten dabei manchen Schaden,
nichts hält ihren Kräften stand.

Katalogisiert durch Menschen,
vom leichten Zug bis zum Orkan,
bezeichnet man der Lüfte Stärke
die man sonst schlecht erklären kann.

Von 0 bis 12 reicht die Tabelle
die Herr Beaufort einmal erstellt,
1806 auf einem Segler,
brachte er sie in die Welt.

1935 wurde weltweit sie anerkannt,
und somit ist sie auch noch heute
Windtabelle aus bester Hand,
und nennt uns deutlich jene Namen
von Lüften die es eilig haben.

*****

18.09.2023   (K.- F. L.)

Auf dem roten Teppich

Man kann oft in der Presse lesen
das irgendwo ein Fest gewesen
dessen Räume, ganz gepflegt,
mit roten Teppichen belegt
und über deren *„goldene Mitten"*
irgendwelche Menschen schritten,
die von Kameras umstellt,
weil man sie für *sehr wichtig* hält.

Wenn sie im Blitzlicht Feuer stehen
sind *imposant* , sie, anzusehen,
nur, denkt irgendjemand einmal daran
was diese Frau, was dieser Mann,
die über diesen Teppich schreiten,
und Fantasiebilder verbreiten,
wenn sie des morgens früh erwachen,
dann für einen *Eindruck* machen?
Unrasiert, ohne Make up,
gäben kein Jubelbild sie ab.

Die *Kleidung* in der sie dann gehen
ist nicht *verlockend* anzusehen,
die Haare, wie elektrisiert,
wissen dann auch nicht was passiert,
gleichzeitig überall hinzuzeigen
ist selbst Kompassen nicht zu eigen,
wenn sie so zur Toilette gehen,
wär´ Starruhm sehr schlecht zu verstehen,
und die Erkenntnis käm´ geschwind,
das auch die *Stars* nur Menschen sind.

* * * * *

17.09.2023   (K.- F. L.)

Was ist es?

Ist Dummheit, schlicht, fehlendes Wissen (?)
oder Gefahr durch Ignoranz?
Das wird man echt erforschen müssen,
denn man versteht vieles nicht ganz.

Gut, Dummheit kann viele Gründe haben,
und kann wie eine Krankheit sein
weil unter ihr auch Menschen leiden
(nur manche sehen es nicht ein) .

Dummheit als Dummheit zu erkennen
ist von allerhöchstem Wert,
denn dann kann man sie so *behandeln*
und macht nicht selber was verkehrt.

Man kann nur hoffen lernendes Denken
hilft eigene Dummheit zu umgehen,
nur wird man das nicht selber merken,
das können andere nur sehen.

*****

16.09.2023   (K.- F. L.)

Auch Er muss weichen

Die letzten sommerhellen Tage
baden die Welt nochmal im Licht,
bringen noch einmal Sommerfreude
eh sie der Herbst vernichtend bricht.

Noch einmal wärmt die Kraft der Sonne
Menschen, Tiere, Wald und Flur,
spendet noch einmal Lebensfreude,
ist des Sommers letzte Spur.

In Erwartung auf den Winter,
der Herbst kündet sein Kommen an,
schafft sich der Mensch, als Synonym,
ein Bild vom *Eisbartträger* an.

Doch auch Er muss wieder weichen,
das steht bei seinem Kommen fest,
weil ihm, *Herrn Grimm,* in ein paar Wochen,
der Frühling keine Chance lässt.

*****

16.09.2023 (K.- F. L.)

Man muss darüber reden

Man muss über den Frieden reden
und das ist wichtiger denn je (!)
und wo geht das am allerbesten (?)
im Kriegsgebiet, in Todesnäh´!
Dann könnten die, die nach Frieden *streben (?)*
es an sich selbst und LIVE erleben,
das sie, durch sogenannte Drohnen,
nirgendwo mehr sicher wohnen.

Wenn durch Bomben Städte beben,
Menschen in Lebensgefahr schweben,
wenn Abermillionen Minen
vom Feind versteckt, zur Tötung dienen,
wenn Kinder *Spielzeug (?)* interessiert
nicht ahnend was dadurch passiert,
und Schulen, das kann auch passieren,
plötzlich zu *Kriegszielen mutieren,*
und sie sähen auf einmal:
Tote sind nicht nur eine Zahl !!!

Jedoch, ich ahne was passiert,
wenn man mal wirklich konferiert
ist man von diesen Orten fort,
an irgend einem sicheren Ort,
da bietet sich die Schweiz gern an
(weil man da sehr gut *tagen* kann).
Vielleicht ließ man auch *Waffen ruhn.*
Ach, würden Sie´s nur endlich tun!!!

*****

14.09.2023   (K.- F. L.)

Wir brauchen Glück

Alzheimer-Krankheit, der Begriff
bringt Chaos in das Leben,
nicht ganz erforscht frisst Alzheimer sich
dreistufig durch ein Leben.

Oft fällt sie ältere Menschen an
und verändert ihr Gehirn,
das kann nicht mehr wie sonst agieren
weil dort *Verbindungen* blockieren.

Auch Gene spielen eine Rolle,
ein Körper hat davon sehr viel,
sie, aus dem *Bauplan der Natur,*
haben auch *ihre Hand im Spiel.*

Heilen kann man die Krankheit nicht,
leider nur ein wenig lindern
und hoffen, es kann recht viel Glück,
Alzheimers Griff auf uns verhindern.

*****

13.09.2023   (K.- F. L.)

Ein Zitat

Ein „Wort „ von Peter Ustinov
zitiere, frei, ich gern:

*

*„Die Wahrheit spricht mit leiser Stimm´,
die Dummheit, die braucht Lärm. "*

*

Dieses Zitat beschreibt der Welt
der Dummheiten Trara,
oft ist die Wahrheit nicht zu sehen
doch sie ist immer da.

Dummheit ist wie ein *Spinnennetz*
das die Welt umspannt,
das jedoch die Kraft der Wahrheit,
trotz aller Widrigkeiten, bannt.

Mag teilweise die Dummheit siegen,
aber, die Wahrheit schlägt zurück,
und dieses Wissen um die Wahrheit
ist der Menschheit großes Glück.

Denn knackt sie erst der Dummheit Schale
ist man der Wahrheit nicht mehr fern,
und ich zitiere, frei, Herrn Goethe:

*

Da ist endlich, der gute Kern.

*****

12.09.2023 (K.- F. L.)

Eine Krankheit voller Schrecken

Alzheimer!

Eine Krankheit voller Schrecken,
sie frisst sich schleichend in ein Leben
und Menschen in die sie gefahren
können nie mehr wie vorher leben.

Unaufhaltsam geht verloren
was bisher selbstverständlich war
und für die Kranken und ihr Umfeld
ist nichts mehr so wie es mal war.

Ihre Familien haben es schwer,
oft kennen die Kranken die Freunde nicht mehr,
selbst in dem Ort, in dem sie zuhaus,
kennen sie sich manchmal nicht mehr aus.

Schnell wirkt ihr Handeln völlig fremd
weil man *den Grund* dafür nicht kennt.
Sie leben in ihrer *kranken Welt*
die von Alzheimer *entstellt.*

Drum muss man allen Menschen danken
die die Alzheimer erkrankten
ständig umsorgen, ...schützen, ...pflegen,
sich damit selbst *Lasten* auflegen.

Sind Namen auch oft *Schall und Rauch*   * Goethe*
manchmal benötigt man sie auch,
denn die *Betreuer* sind es wert
das man sie deutlich nennend ehrt.

*****

10.09.2023   (K.- F. L.)

Man sieht *es* nicht

Man schaut Menschen nur vor den Kopf,
sieht nicht was drin verborgen.
Säh´ man in manchen Kopf hinein
hätte man manchmal große Sorgen.

* Sprichwort

Gut, des Kopfes Inhalt wär´ zu sehen,
doch nicht der der Gedanken.
Was in ihnen verborgen ist
tarnen *geheimnisvolle Schranken.*

Sie verdecken alle Planung,
alles ist völlig *isoliert.*
Ihre Gefahr ist erst zu sehen
wenn sie der Denker aktiviert.

Zwar ist die *Freiheit der Gedanken,*
wie wir sie oft und gern besingen,
gut, aber sie kann leider auch
viel Unglück auf die Erde bringen.

Die Möglichkeit sie zu missbrauchen
ist leider zu beklagen,
doch zugleich ist sie der Preis
den wir für diese Freiheit zahlen.

Denn, man schaut Menschen nur vor den Kopf
ahnt nicht was er enthält,
und manchmal brachte *Gedankengut*
auch *Segen* in die Welt.

Drum kann das was im Kopf verborgen,
ausgedacht ein *Segen* sein.
Die Gefahr *falscher* Gedanken
ist groß, aber dagegen klein.

*****

09.09.2023   (K.- F. L.)

Hilfe auf dem Land

Der Schlepper zieht den Erntewagen
der mit den Gaben der Natur,
dank Gottes Segen reich beladen,
auf die heimatliche *Spur*.

Dann, im Dorfe angekommen,
kommt alles unter Dach und Fach,   * *Redewendung*
dort reifen dann der Felder *Früchte*
wetterunabhängig nach.

Die Mähdrescher mähen die Felder,
gleich werden Stroh und Korn getrennt.
Das ist nicht mehr die Erntearbeit
wie man sie von früher kennt.

Sie ist moderner, doch nicht leichter,
sie braucht des Landwirts ganze Kraft,
was ihm die Technik, die Moderne,
zum Glück ein wenig leichter macht.

*****

08.09.2023 (K.- F. L.)

Ein Sprichwort

„Mach es wie die Sonnenuhr,
zähl die heiteren Stunden nur. "   *Deutsches Sprichwort*

Doch was ist an trüben Tagen
wenn die Sonne nicht zu sehen?
Bleiben an solchen *grauen* Tagen
die Zeitabläufe einfach stehen ?

Nein, stehen bleiben können sie nicht
weil das sich selber widerspricht.
Gut, es fehlt der *Zeigerschatten*
der durch die Sonne sonst zu sehen,
doch die Zeit läuft trotzdem weiter,
Regen und Schnee, sie bleibt nicht stehen.

Der Zeitablauf wird nur *bekannt*
legt sich die Dunkelheit aufs Land,
da braucht man keine Sonnenuhr,
man *sieht* die Zeit durch die Natur.

Prüft man dann was ein Tag gebracht,
wieviel Mühe er gemacht,
wieviel Arbeit, wieviel Schweiß,
fragt man sich nach der Mühen Preis.

Sucht man des Tages Wert und Sinn,
kommt schnell das Sprichwort in den Sinn:
„Mach es wie die Sonnenuhr,
zähl die heiteren Stunden nur. "

*****

07.09.2023   (K.- F. L.)

Ein Teil vom Ganzen

Alles ist ein Teil vom Ganzen,
selbst der kleinste grüne Halm,
jedes Staubkorn, jedes Steinchen,
wird dem Gesamtbild dienlich sein.

Hohe Berge, tiefe Wasser,
große Wüsten, dichter Wald,
sind Bestandteile des Ganzen,
geben ihm seine Gestalt.

Frühling, Sommer, Herbst und Winter,
Regen, Hagel, Schnee und Wind,
sind die Teile dieses Ganzen
die ihm Farbenspender sind.

Käm´ davon mal ein Teil abhanden
störte das des Jahres Lauf,
vielleicht würd´ man es gar nicht merken,
jedoch dem Ganzen fiel es auf.

Denn in dem „runden Bild" des Ganzen
fehlte plötzlich irgend was,
und das sollte man schnell ersetzen
Mutter Natur erledigt das.

*****

06.09.2023   (K.- F. L.)

Die grüne Lunge

Die „grüne Lunge" einer Stadt
lädt alle Bürger ein,
um wieder neue Kraft zu tanken,
in ihr oft unterwegs zu sein.

Schattige Plätze, Ruhebänke,
laden dort zum Verweilen ein,
weil Blumenbeete, Wasserläufe,
das Besucherherz erfreun.

Der Duft des Parks, seiner Gewächse,
von Blumen, Büschen, Bäumen, Heu,
ist für stadtgewöhnte Lungen
ziemlich fremd, fast völlig neu.

Dann, am Ende ihres Rundgangs,
atmen noch einmal alle tief,
denn sie erfuhren von der Kraft
mit der die „grüne Lunge" rief.

*****

05.09.2023   (K.- F. L.)

Achtung Giftig !!!

Sie schießen wieder aus dem Boden,
der Herbst ist ihre Wachstumszeit,
Pilze in sehr sehr vielen Arten,
Natur geschenkte Köstlichkeit.

Sucht man sie sich in Wald und Flur
heißt es: sich sehr oft bücken,
und nicht immer wird das Bemühen
Pilze zu finden glücken.

Doch hat sein „ Pensum" man gefunden,
eine Menge wie erhofft,
sollte man sie kontrollieren,
denn ihr Anblick „täuscht" sehr oft.

Nicht wie gesammelt konsumieren,
man präge sich die Weisheit ein:
- Pilze können sehr gut schmecken,
aber auch
sehr **Giftig** sein !!! -

*****

05.09.2023   (K.- F. L.)

Ohne Worte

Zwei Menschen leben miteinander
und das seit vielen Jahren,
kennen sich daher ganz genau,
ein Blick kann alles sagen.

Ein Händedruck, ...ein Atemzug
bedeuten oft sehr viel,
damit, mit dieser, ihrer Sprache,
erreichen sie ja auch ihr Ziel.

Sie stehen schützend sich zur Seite
wenn der Partner Hilfe braucht
und helfen sich in allen Lagen,
(wozu es keine Worte braucht.)

Man lernte in der *Lebensschule*
das vieles ohne Worte geht,
wichtig ist das man im Leben
sich auch Wortlos gut versteht.

*****

04.09.2023   (K.- F. L.)

Noch einmal

Letzte herbstlich – warme Tage,
Wie durch Künstlerhand geschaffen

vor der kalten Winterzeit,
steht die Natur im Sonnenlicht,

wechseln aus dem Grün des Sommers
setzt noch einmal helle Farben

in ein farbenfrohes Kleid.
vor des Winters Angesicht.

* * * * *

04.09.2023   (K.-F. L.)

Vom Denken und Können

Der Geist ist willig, doch das Fleisch ist schwach.   (Bibel)
Denkt man über den Satz mal nach,
erkennt man schnell des Satzes Kern:
das Können liegt oft dem Wollen fern.

Was des Menschen Geist diktiert,
zeigt erst *das Fleisch* ob es passiert.
Was *problemlos* einst gelang
klappt heut´, wenn möglich, nur mit *Zwang.*

Und dieser „Zwang" heißt Energie,
und die benötigt man wie nie,
denn was an *Kraft* man einst besessen
muss man durch Energie ersetzen.

Was alles, ohne großes *Trara*,
dem Geistwunsch folgend, möglich war,
bremst der Lebensjahre Macht
(durch die man vieles mitgemacht.)

Der Geist kann *noch so willig sein*,
im Leben setzt man Bein vor Bein.
Hier trennen Können sich vom Wollen,
dem Leben ist Tribut zu zollen.

Und der bremst oft des Lebens Kraft,
in der man vieles einfach schafft,
doch bringt er die Erkenntnis mit:
„ kostbar ist der kleinste Schritt !"

*****

03.09.2023   (K.- F. L.)

Eine Reise in das Ich

Um sich selbst in sich zu finden
sucht man meist sein Leben lang.
Um sein Ego zu ergründen
erliegt so mancher diesem Zwang.
Durchläuft seine Vergangenheit
auf der Suche nach dem „Ich"
dabei entstehen neue Fragen
und viele alte lösen sich.

Der „*Reiseweg*" ist vorgegeben,
er ist das eigene Leben,
allerdings im *Rückwärtsgang*,
denn neues muss man erst erleben.
Man *sieht* noch einmal viele Dinge
die man längst vergessen glaubte,
weil der Ablauf vieler Jahre
sie der Aktualität beraubte.
Man erinnert sich an Menschen
die man einst ganz gut gekannt,
doch deren eigener Lebensweg
leider schon lang ein Ende fand.

Viele Dinge kann man „*sehen*"
die man im Leben falsch gemacht,
aber auch die schönen Dinge
die viel Freude einst gebracht.
Ist die *Reise* überstanden,
die *Reise* zu dem eigenen *Ich*,
ist das Resümee der Suche
alles sah ich, nur nicht mich.

*****

01.09.2023   (K.- F. L.)

Sie werden es lernen

Die Jungen von heute sind die *Alten* von morgen,
geplagt werden sie dann auch von ähnlichen *Sorgen*
wie sie die *Alten von heute* belasten,
dann geht nichts mehr schnell, nicht mehr eilen und hasten,
Schnell geht nur noch langsam, egal was passiert
denn der Körper *ermüdet* wie man oft registriert.

Die heute im jugendlichen Alter,
erfahren dann echte Lebensgestalter.
Dann sind sie, wie die Alten heute,
zwar alte, aber *knackige Leute.*
Dann *knackt es hier, dann knackt es da,*
sie ahnten nicht das da was war,
und möchten sie spazieren laufen
wär's gut, sich einen Stock zu kaufen
da oft die *Erdanziehung* siegt
und man dann *auf der Nase liegt.*

Auch das wird einst wie heute sein,
sie holen die Technik auch nicht ein.
Sie ist nämlich oft so gestaltet,
wenn man sie kauft, ist sie veraltet,
und liest man sich in's Handbuch ein
muss man zuerst Techniker sein,
und macht man was in ihm erklärt
ist es wahrscheinlich auch verkehrt,
denn wie das sprachlich dort beschrieben
ist es *ein Buch mit sieben Siegeln.* *   * = Bibel

Auch die Verständigung fällt schwer,
denn *man versteht die Welt nicht mehr.*
Die Umgangsprache die man spricht,
verstehen alte Menschen nicht.
Die Sprache, die sie einst gelernt
hat sich von ihnen weit entfernt,
sie müssen junge Leute fragen
die dann die Übersetzung sagen.

So ist das nun einmal im Leben,
die Wechsel wird es immer geben.
Das Alte wird Vergangenheit
 die oft die Neuzeit nicht erfreut,
die sucht sich dann *Gelegenheiten*
um eigene Wege zu beschreiten,
das Alte ist dann nicht verloren,
nein,es war zur falschen Zeit *geboren.*
So macht sich die Erkenntnis breit:

- *Jeder lebt mit seiner Zeit -*

*****

30.08.2023   (K.- F. L.)

Etwas Besonderes

Es ist schon eine Zeitlang her,
zweitausend Jahre, ungefähr,
als eine Frau ein Kind gebar,
was eigentlich gewöhnlich war,
außergewöhnlich war daran
sie wurde Mutter ohne Mann.

Zwar war sie eines Mannes Braut,
ihm aber noch nicht angetraut,
damit waren die zwei ein Paar
für die noch „vieles *Neuland*" war,
wie kam sie also „*in die Wochen*"?
Man sagt, ein Engel habe ihr versprochen
das sie, die Mutter und das Kind,
etwas ganz besonderes sind.

Doch bevor „ *alles*" geschah,
befahl ein Mann, (der Kaiser war):
Jeder muss „*ins Haus der Väter*"
warum, ...weshalb, erfährt er später.
Der Kaiser sprach, die Menschen gingen,
sie ließen sich erst gar nicht zwingen,
zu Fuß laufen war aber Pflicht,
denn Eisenbahnen gab´s noch nicht.

Josef, der ein Schreiner war,
machte seinen Esel klar,
setzte seine Braut darauf
und dann begann ihr langer Lauf.
Sie kamen schließlich, irgendwann,
am Heimatort der Väter an,
hier endete der Marsch durchs Land.
Was dann geschah ist weltbekannt.

*****

29.08.2023   (K.- F. L.)

Im Herbst in der Küche

Ich denke heut' noch oft daran
was im Herbst, früher, begann.
Herbstzeit, das hieß *Einkochzeit*,
der *Einkochkessel* stand bereit,
die *Gläser* wurden kontrolliert,
die defekten aussortiert,
dann hieß es in die Läden laufen
und neue *Gummiringe* kaufen.

Dann wurd' das *Einkochgut* entkernt
(wie von der Oma es gelernt),
füllte es in die Gläser ein,
und die dann in den *Kessel* rein.
Nun tat der Ofen seine Pflicht
(was ja für große Wärme spricht)
stark transpirierten *Mann und Maus*.
(Dem Ofen machte das nichts aus.)

Ein *Thermometer* zeigte dann
die Temperatur im *Kessel* an.
Stimmte sie war es soweit,
doch der *Vorgang* brauchte Zeit.
In dieser ließ das Wasser nun
den *Gläserhalter* nicht mehr ruh'n,
der durch das heiße Wasser dann
mit *Tanzbewegungen* begann.

War das *Einkochen* vorbei
machte man die Küche frei.
Der Kessel kam (zu aller Glück)
wieder an seinen Platz zurück.
Die *Einkochgläser* Tuch umhüllt,
durch die sie *langsam* abgekühlt,
blieben noch in der Küche stehen
so konnten wir sie länger sehen.
Dann wurd´ die Herdplatte geputzt
das man sie fast als Spiegel nutzt.

*****

28.08.2023   (K.- F. L.)

Vom Geben und Nehmen

Wenn das Schicksal Jahre schenkt,
(in denen es das Leben lenkt)
fordert es jeden neuen Tag
vom Beschenkten Müh´ und Plag´.

Der merkt dann das das Sprichwort stimmt,
das der, der gibt, auch fordernd nimmt.
Es kostet alles seinen Preis.
(Wie man aus der Erfahrung weiß).

Stand man einst in *Saft und Kraft,*
fühlt man sich bald schnell *abgeschlafft,*
es *reißt* und *zwickt* in den Gelenken
und zwingt Schritte zu überdenken.

Doch wozu auch das Schicksal zwingt
durch das was es uns schenkt und bringt,
besser ist : *Krank* den Tag besiegen,
als *Gesund* im Grab zu liegen.

Darum wünscht man gern ,,*jedermann* ,,
die *Last* die er ertragen kann,
wenn *Schnell* auch nur noch *Langsam* geht,
wichtig ist, das es überhaupt noch geht !

*****

28.08.2023   (K.- F. L.)

Fragen ohne Antwort

Wie „finden" sich zwei Menschen,
wie werden sie ein Paar?
Wie erwachen die Gefühle
und bringen sie einander nah?
Wie beschreibt man die Gefühle?
Wie beschreibt man Sympathie?
Viele Fragen, keine Antwort,
doch gibt es welche, wie lauten sie?

Zeiten voller Turbulenzen
regieren dann das Leben.
Verliebtes Suchen wird dem Menschen
nur selten etwas Ruhe geben, denn

„Himmelhoch jauchzend,
 zum Tode betrübt.
Glücklich allein
ist die Seele die liebt. "   ** (J.W.v.Goethe, Egmont)*

Hat man sich „gefunden"
und wurde ein Paar,
bekämpft man gemeinsam
weltliche Gefahr.
Erkennt das Dichterwort begründet,
das sich in *Schillers Glocke findet:*

„ Drum prüfe, wer sich ewig bindet,
 ob sich das Herz zum Herzen findet.
 Der Wahn ist kurz die Reu ist lang. " ** (F. Schiller:*
                                              Das Lied von der Glocke)

Man kann das sicher so beschreiben :
„ Die Leidenschaft flieht, die Liebe muß bleiben "

                                    * (F. Schiller: Das Lied von der Glocke)

*****

26.08.2023 (K.- F. L.)

Worte fliegen fort

Worte die unbedacht gesprochen
haben oft „Streit vom Zaun" gebrochen.
Wenn, hasserfüllt wie sie oft klingen,
sie dann in „ falsche Ohren" dringen
sind Streit und Ärger programmiert
was schnell durch Zank und Streit passiert.

Woran im Zorn man nicht gedacht,
das sich ein Wort „selbstständig" macht.
Kaum ausgesprochen ist es fort,
man hört es nun an manchem Ort,
denn unaufhaltsam ist sein Lauf,
nichts und niemand hält es auf.

Einmal gesagt, gilt alle Zeit.
Nichts was vom falschen Wort befreit.
Wenn man den Streit auch nicht mehr hört
ein falsches Wort hat viel zerstört.
Es ist wie Gift das langsam frisst
gegen das nichts „gewachsen" ist.

*****

23.08.2023   (K.- F. L.)

Es gibt ein Lied

Es gibt ein Lied:
   - *Ein bisschen Frieden* -   * B.Meinunger/R. Siegel
(Für diese Erde, auf der wir wohnen)
Es wäre schön, würd´ dieser Wunsch
wahr werdend, auf der Erde wohnen.
Würde es nur an einem Tag
weltweit keine Kriege geben,
erlitten viele keine Not,
könnten ihr Leben weiter leben.

Ein Tag ohne Kriege, der wär´ für die Welt
ein Geschenk, das sie selten,
fast niemals, erhält,
denn Stillstand von Waffen
ist Wunsch, … Illusion,
nach dem letzten Schuss
plant man den Folgekrieg schon.

Dann überlegen die Strategen
was, ...wann und wo ?
Auf welchen Wegen ?
Sie überlegen „kreuz und quer"
(wie das so geht beim Militär).
Sie wollen ja beschäftigt sein
und ihnen fällt bestimmt was ein,
aber „arbeitslose" Krieger
   sind **mir** lieber !!!

*****

21.08.2023   (K.- F. L.)

Das tägliche Brot

Unser tägliches Brot, es wuchs auf einem Feld.
Aus Saatkörnern die der Natur überstellt.
Von Erde umhüllt erwachte in ihnen die Kraft
mit der nach der Aussaat das Wachstum erwacht.

Das Saatkorn, es keimte durch Feuchte und Wärme,
von Mutter Natur zur Verfügung gestellt.
Es wuchsen die Wurzeln durch die dann das Saatkorn
zum weiteren Wachstum selbst Nahrung erhält.

Zugleich wuchsen Stängel, es wuchsen die Blätter,
und schließlich, ganz oben auf schwankendem Halm,
trugen krönend die Ähren, die kommende Ernte,
als strahlendes Bild in die Landschaft hinein.

Vom Landwirt geerntet, durch den Müller gemahlen,
wurde es dann zu Mehl , buken Bäcker das Brot.
So wie es schon in einem Volkslied besungen:
„Und haben wir solches, so hat`s keine Not" *

(* Ernst Anschütz : Es klappert die Mühle am rauschenden Bach)

*****

19.08.2023   (K.- F: L.)

Starke Waffen

Lächeln und Schweigen das sind starke Waffen.
Ihr Einsatz verblüfft jedes streitende Wesen.
Das Lächeln und Schweigen „entwaffnet",, den Streiter,
denn diese Art „Waffen" sind nie dagewesen.

Wie lassen sich lächelnde Schweiger besiegen?
Sie „liefern" doch niemals ein Streit Argument.
Freundliches Lächeln und schweigendes Nichtstun
sind Hemmschuhe die mancher Streiter nicht kennt.

Was soll er auch tun, greift er jemanden an,
und dieser jemand bleibt stehen und lächelt ihn an ?
Dann hat er den Glauben an *Ares* verlor´n,
dann schmiss er am liebsten die Flinte ins Korn.   * (Sprichwort)

Das wäre nicht schlecht, die Vernunft könnte siegen,
denn „lächelndes Schweigen" lässt sich nicht besiegen,
Drum sollte man ihm auch im Streit „Einsatz „ geben,
denn Lächeln ist freundlich und zerstört keine Leben.

*****

14.08.2023   (K.- F. L.)

-135-

Wie die Bilder alter Meister

Kleine Kinder sind wie Engel
die direkt vom Himmel kommen,
doch werden ihnen zur Geburt
die Engelflügel abgenommen,
denn in der menschlichen Gestalt
würden diese sie nur hemmen
weil die Menschen auf der Erde
keine Engelflügel kennen.

Auf den Bildern alter Meister
kann man Flügelwesen sehen.
Die Künstler haben diese Wesen
in ihrer Fantasie gesehen.
Und so wie sie die Engel malten
könnten Himmelwesen sein,
flugfähig menschengleiche Wesen
umhüllt von himmlisch warmen Schein.

Und so wie sie die Bilder schufen,
mit Fantasie und Künstlerhand,
leuchten sie nach vielen Jahren
noch von mancher Kirchenwand.
Doch es ist noch nie geschehen
das man sie auf Erden sah,
dennoch, sicher ist das eine:
Es gibt sie und sie sind uns nah.

*****

13.08.2023   (K.- F. L.)

Frage und Antwort

Beißt Adebar „der Frau ins Bein"
stellt sich „danach ein Baby ein".
Dieses „Märchen" ist bekannt
und man erzählt es gern im Land
denn eine Frage ist sehr schwer:
„Wo kommen alle Babys her ?"

Ein Kind, das diese Frage stellt,
wartet bis eine Antwort fällt.
Nun steht man als Befragter da
und kommt nicht mit der Antwort klar,
greift, von der Frage fast erdrückt,
schnell auf den „Klapperstorch" zurück.

Das Kind stellt daraufhin, zum Glück,
weitere Fragen nun zurück
und der Befragte atmet auf
denn die Fragerei hört auf,
 er weiß, der Frager wird im Leben
sich selbst die rechte Antwort geben.

*****

13.08.2023 , (K.- F. L.)

In Windeln gewickelt

Da liegt sie, die Zukunft, in Windeln gewickelt,
und von der Familie liebend umsorgt.
Hände und Beine in schneller Bewegung,
lautstark sich meldend, ein Stimmenrekord.

Die Zukunft in Windeln?
Wie kann das denn sein?
Kann das ein Bild von einst kommenden sein?
Es kann!
Denn es wird in den kommenden Jahren
sehr vieles erlernen, sehr vieles erfahren
und nimmt dann, das ist ja schon heute bekannt,
das gestalten der Welt seiner Zeit in die Hand.

Was „ heut´" noch in Windeln,
ist aber „morgen" bereit
zu Gestaltung der Welt seiner eigenen Zeit .
Wir, die die Geschicke von „heute" gestalten,
wir sind dann aus dem Rennen,
wir sind „morgen" die Alten,
aber schön wär´ es wenn man als „Alter" erführ´
die „Windeln" von heut´ machen es besser als wir.

* * * * *

11.08.2023   (K.- F. L.)

<u>Was ein Körper braucht</u>

Ein Körper braucht Auszeit, braucht Ruhe und Pflege,
das tägliche Leben, es kostet viel Kraft,
denn das „bezwingen" oft „steiniger Wege"
wird meist nur dank größter Reserven geschafft.

Wurden solch „steinige Wege" beschritten
sollte man dafür dem Körper auch danken,
gönne ihm Auszeit und gönne ihm Ruhe
gebe ihm Zeit neue Kräfte zu „tanken" .

Hat er sich erholt, neue Kräfte „getankt"
und geht die weiteren Lebenswege
mit gewohntem Einsatz an.

*****

10.08.2023   (K.- F. L.)

Gedanken zu Gedanken

Gedanken, Impulse des Lebens,

Anstoß zur Hebung des eigenen „Sein"

Gedanken, Bausteine täglichen Handelns,

können dem denkenden „Richtungspfeil" sein.

Gedanken sind Helfer bei „schwierigen" Fragen,

vorurteilsfrei führen sie oft zum Ziel.

Folgt man dem Weg den Gedanken aufzeigen,

sind manche „Probleme" sehr häufig ein „Spiel".

Sieht man den Wert konstruktiver Gedanken,

die Vorteile die sie bei Zweifeln entfachen,

wird es für Menschen beinahe zur Pflicht

sich über Gedanken Gedanken zu machen.

*****

10.08.2023   (K.- F. L.)

Was wird sein?

Was wird sein, so frag ich mich,
nachdem der „letzte Schritt" gemacht?
Niemand gab davon Bericht,
niemand ist daraus erwacht.
Was man glaubt sind Phantasien,
Wunschgedanken, Utopie.
Das was sein wird, niemand weiß es,
was dann „kommt" erfährt man nie.

Was geschieht, so frag ich mich,
am Ende aus des Menschen Geist?
Vergeht sein Wissen, vergeht das „Ich"
unrettbar in der Ewigkeit,
oder „zieh" des Geistes Wissen,
beim Eintritt „ in die ewige Ruh"
losgelöst vom „alten Träger"
einem neuen Leben zu?
Fragen gibt es über Fragen,
beinah soviel wie Sand am Meer,
und versucht man sie zu lösen
werden es aber immer mehr.

Lösungen wird der Mensch erfahren
ist er am Ende seiner Zeit.
Doch nimmt er dann das neue Wissen
mit sich in die Ewigkeit.
Er kann die Lösung aller Fragen,
wenn ihm die Lebenskräfte weichen,
über die Zukunft nach dem Ende,
an keinen Menschen weiterreichen.

*****

09.08.2023   (K.- F. L.)

Ein toller Raum

Eine Küche ist für viele
einer Wohnung liebster Raum,
„alles" trifft sich in der Küche,
Platzängste entstehen kaum.
Zwischen Tassen, Tellern, Pfannen,
wird erzählt und diskutiert,
über Familie und Nachbarn
und was in der Welt passiert.

Die Küche wird zu einer Bühne,
zum Podium der Diskussion,
derweil möchte die Hausfrau kochen
aber wen interessiert das schon (?)
blockiert sind Tisch, Eckbank und Stühle,
überall ist irgendwer,
jeder steht jedem im Wege
nur das Wohnzimmer ist leer.

Doch zeigt der Bildschirm Fußballsport
eilen die „Okkupanten" fort.
Sie lassen Küche, Küche sein
die Hausfrau ist dort nun allein,
die, die die Küche grad blockiert
sind nun Fußball interessiert,
doch geht das Spiel verloren aus
gehen „stocksauer" sie nach Haus
und beim „besuchten" wird mit Macht
im Wohnbereich „klar Schiff" gemacht.

*****

08.08.2023   (K.- F. L.)

Gestern, Heute, Morgen

Ach, wie ändert sich das Leben,
ach, wie schnell vergeht die Zeit,
was Gestern noch als Ziel gegeben
ist heute schon Vergangenheit.

Heute, war für Gestern, Morgen,
Zukunftsmusik, wie man sagt,
das Gestern ist Vergangenheit
die im Heute manchmal plagt.

Dafür plant heute, man für Morgen,
nicht wissend wie es Morgen wird,
aber man weiß Übermorgen
das Irrtum manchmal Wahrheit wird.

Ach, wie ändert sich das Leben,
ach, wie schnell vergeht die Zeit,
aber Gestern, Heute, Morgen,
erhalten sich für alle Zeit.

*****

08.08.2023   K.- F. L.)

Die Dunkelheit schwindet

Die nächtliche Dunkelheit schwindet,
sie weicht des neuen Tages Licht
welches die langen, dunklen Stunden,
der tiefen Dunkelheit, durchbricht.

Nun erwacht des Tages Leben,
Flora und Fauna atmen auf.
Die Natur in ihrem Streben
beginnt ihren gewohnten Lauf.

Die Stimmartisten in den Zweigen
jubilieren in den Morgen,
begrüßen laut den neuen Tag,
sein Licht vertreibt nächtliche Sorgen.

Blumen zeigen ihre Blüten,
leuchten in den Tag hinein,
wollen dem erwachten Morgen
farbliche Begleiter sein.

Aber dann, nach ein paar Stunden,
ermüdet leider dessen Licht,
mit der Dämmerung verschwindet
was früher Morgen leicht verspricht.

Dann kommt erneut nächtliches Dunkel,

erstickt des Tages bunte Pracht,

doch weiß man, das in ein paar Stunden,

die Natur erneut erwacht.

*****

08.08.2023　　(K.- F. L.)

„Schönes" im Leben

Etwas „Schönes" im Leben
ist das Leben zu „leben".
Es zu dürfen, ... zu können
ist ein ganz großes Glück.
Schön ist es auch
darf man Liebe erleben,
denn die Liebe drängt
Unbill des Lebens zurück.

Schön ist es
als Freund unter Freunden zu leben,
denn einsames „Leben" zerstört jedes Glück.
Schön ist es
kann man eigene Ziele erreichen,
dafür standen Freunde und Freizeit zurück,
die sich mit dem „Sieger"
nach dem „Zieldurchlauf" freuen
und wünschen dem Freunde
von Herzen viel Glück.

Schön ist es
lebt man in der eigenen Zeit,
mit innerer Zufriedenheit,
der Tage Müh´, der Tage Pein,
können dann nicht gefährlich sein.
Ist - schönes im Leben - aller Ziel
bedeutet das unendlich viel,
denn, tritt alles ein, lässt sich das Leben,
mit viel Harmonie und Zufriedenheit leben.

*****

06.08.2023   (K.- F. L.)

Ein geschriebenes Wort

Ein geschriebenes Wort ist ein Zugang für alle
in die Gedankenwelt des der es schrieb.
Es zeigt sehr oft deutlich die Richtung des Denkens
die den Autor bewegte und zur Niederschrift trieb.

Oft lässt die Summierung geschriebener Worte
erkennen wie manche das Leben gern sähen,
leider sind, bei der Gefährlichkeit mancher Gedanken,
diese Art Worte zu häufig zu sehen.

Dagegen die Worte die Freude beschreiben,
den Frieden, die Liebe, die Humanität,
lassen sich nicht oft genug niederschreiben
weil sich aller Leben, gewünscht, darum dreht.

Zeitungen, Flugblätter, Literatur,
können die Wortinhalte sehr schnell benennen,
so lässt sich, den Menschen vor Augen geführt,
der Wert eines geschriebenen Wortes erkennen.

*****

04.08.2023   (K.- F. L.)

Ewiges Eis ?

Ewiges Eis ?
    Das war einmal.
Es taut und fließt hinab ins Tal.
Das was die Menschen lang erfreut
wird zur Gefahr, vertreibt sie heut´.

Das Eis verschwindet im „Akkord".
Die Kälte, die sie hielt, ist fort.
Der Schmelzvorgang, was oft verschreckt,
zeigt was das Eis sehr lang versteckt.

Das Tauwasser schwillt stetig an,
zum Fluss den man nicht lenken kann
und diesen Fluss, in seinem Lauf,
halten Hemmnisse nicht auf.

Ist einmal alles Eis verschwunden
das sich auf dieser Welt befunden,
(man wünscht sich, das wird es nicht geben)
bleibt fast kein Platz mehr um zu leben.

*****

03.08.2023   (K.- F. L.)

Ein unbekannter Onkel

Ich kannte dich nicht,
aber du warst mein Onkel.
Der Krieg fraß dich auf
in unstillbarer Gier.
Mir bleiben von dir
nur die vielen Geschichten,
durch Oma und Opa,
den Eltern von dir.

Du liegst in Bourdon,
in französischer Erde.
Warst erst Fünfundzwanzig
als dich der Krieg fraß.
Ein Alter, das Menschen,
in kriegsfreien Zeiten,
auch früher schon
Freude und Zukunft versprach.

Doch damals im Krieg
hieß es nur überleben.
Man wusste nie
ob man den Tag übersteht,
denn Bomben und Kriegsgräuel
raubten die Hoffnung
das man endlich den Unsinn
des Krieges versteht.

*****

01.08.2023   (K.- F. L.)

Schlachtfeld

Ein Wort, oft Gedankenlos gesprochen,
weil man den Sinn nicht ganz bedenkt,
lässt schnell einen Begriff zerbrechen
den man - Menschlichkeit - benennt.

Das was dieses Wort bezeichnet
bringt Not und Elend in die Welt.
Silben getrennt benutzt, erklärt es,
die Grausamkeit die es enthält.

Denn, würd´ das - **Schlacht-Feld** - <u>so</u> geschrieben,
würd´ die Bedeutung klar serviert ,
das es nicht human genutzt,
NEIN, das auf ihm getötet wird.

Das Wort verschleiert alle Toten.
Verdeckt so der gesamten Welt
das durch fremderregten Hass
der Tod riesige *Ernten* hält.

Könnte man dieses Wort vergessen,
es ganz aus unserem Sprachschatz streichen,
hätte die Menschlichkeit gewonnen,
und Hass würde dem Frieden weichen.

*****

31.07.2023   (K.- F. L.)

Ewigkeit

Ewigkeit ?

Ewigkeit.

Ein Begriff ganz ohne Zeit.
Ohne Anfang, ohne Ende.
Nichts, durch das sie Begrenzung fände.
Es sagt ihre Bezeichnung klar,
sie ist seit Ewigkeiten da.

Sie gleicht der zeigerlosen Uhr,
da sieht man auch die Zahlen nur.
Als Zeitbegriff, naturgemacht
sieht man den Tag, sieht man die Nacht,
die Minuten, oder die Stunden,
haben die Menschen erst erfunden.

Doch diese Diktatur der Zeit
verschwindet in der Ewigkeit.
Was gelten in ihr hundert Jahr (?),
Nichts!... Sie war und ist für immer da.
Selbst das was kommt, ab nächsten Morgen,
liegt in der Ewigkeit verborgen.

Vielleicht ist unser Handeln heut´
ein Baustein für die Ewigkeit.

*****

29.07.2023   (K.- F. L.)

Es ist soweit

Es ist soweit, der Tag ist da,
die Nachtgeister verschwinden,
mit des neuen Tages Licht
lässt sich das Leben finden.

Die Natur atmet befreit,
die ersten Vögel singen,
man hört ihr jubilierend Lied
hell in den Morgen klingen.

Blumen öffnen sich dem Lichte,
und zeigen ihre Farben,
die durch die Dunkelheit der Nacht
nicht erkennbar waren.

Auch auf den Straßen regt sich „Leben"
Motorenlärm erfüllt die Stadt,
zeigt das der Ort sein täglich` Streben
wieder aufgenommen hat.

Menschen gehen in die Läden,
kaufen ihre Waren ein,
Schulen öffnen ihre Türen,
wollen der Schüler Zukunft sein.

Es ist soweit, der Tag ist da,
man sieht´s am neuen Leben,
doch wenn des Tages Abend kommt
verblasst des Tages Streben.

*****

28.07.2023   (K.- F. L.)

Mächtig aber machtlos

Im großen *Grundstück Ewigkeit*
begegnen sich bekannte Namen,
parlieren von vergangener Zeit
als Sie ein Teil des Lebens waren.

Als ihre Worte, ihre Werke,
in viele offene Ohren flogen,
und so die Menschen informierten
da sie um Menschenrecht betrogen.

Egal was sich ein *Machtmensch* denkt,
egal wie er die Menschen lenkt,
trotzdem bleibt er ein „ *armer Tropf* "
denn er schaut allen nur vor den Kopf.

DENN :

**Die Gedanken sind frei,
wer kann sie erraten
sie fliegen vorbei
wie nächtliche Schatten.
Kein Mensch kann sie wissen,
kein Jäger erschießen
mit Pulver und Blei,
die Gedanken sind frei!** (H. v. Fallersleben)

♪ ♪ ♪ ♪ ♪

Freie Gedanken sind nicht zu erraten,
auch nicht durch schlimmste Potentaten,
bei denen man die Lüge nützt
und sich vor dessen Strafe schützt.

*****

23.10.2024   (K.- F. L.)

Königin der Blumen

Viele Sorten, viele Farben,
oft besungen, gern verschenkt,
oft wird durch sie,hoffendem Werben,
gewünschte Zusage geschenkt.

Nun weiß man, Rosen haben Dornen
die man nicht sogleich entdeckt,
da die - Königin der Blumen -
sie durch ihre Pracht versteckt.

Aber dennoch bleiben Rosen
ihrem Ehrennahmen treu.
Sie bleiben - Königin der Blumen -
und sind es immer wieder neu.

*****

26.07.2023   (K.- F. L.)

Wie ein Meer aus Gold

Strahlend hell im Sonnenschein,
wie ein Meer aus Gold,
steht der Raps in voller Blüte,
ein großes Bild, Natur gewollt.
Die Blüten wiegen sich im Winde
wie die Wellen auf dem Meer,
bringen im April und Mai
Freude über ein Blütenmeer.

Nach den trüben Wintertagen
ist dieses Bild wie Medizin,
es weckt die Freude auf den Sommer,
lässt den grauen Winter fliehn.
Es ist Erholung für die Seele,
erfreut die Augen, ...motiviert,
ist das schönste das im Frühjahr
Menschen und Natur passiert.

*****

23.07.2023   (K.- F. L.)

„Krieg" gegen den Krieg.

Der „Krieg" gegen den Krieg heißt Frieden.
Die schärfste Waffe ist das Wort,
und der „Einsatz" dieser „Waffe"
treibt manchen Agitator fort.
Ein Friedenswort, Wahrheit behaftet,
kann einen „kalten Krieg" beenden,
nimmt unter Aufdeckung von Lügen,
Kriegstreibern die *Waffen* aus den Händen.

Die „Kriegserklärung" durch den Frieden,
um denselben zu gewinnen,
lässt, wenn man sie sinnvoll nutzt,
Hasstiraden schnell zerrinnen.
Doch der „Krieg" gegen die Kriege
braucht leider viele „Streiter"
gibt es nur wenig Friedenswünsche
gehen die „heißen Kriege" weiter.

Für diese „Kriegserklärung" werben
bringt der Zukunft Sicherheit.
Sich mit Worten auszutauschen
entschärft blinde Kriegslüsternheit.
Man sollte diesen „Krieg" beginnen,
den man ja nur dann verliert,
wenn man weiter, wie bisher,
die heißen Kriege ignoriert.

*****

20.07.2023   (K.- F. L.)

Gefiederschutz

„wenn Friedenstauben Trauer tragen"
wurde einmal geschrieben,
das war vor siebenunddreißig Jahren,
aber der Hinweis ist geblieben.
Zwar ist die Zeit „wie nichts" verflogen,
doch ließ der Hass sich nicht verjagen,
die einst mit weißen Federn flogen
müssen jetzt „Kugelwesten" tragen.

Mit „Kugelwesten" sehen Federn
leider nicht besonders aus,
auf dem reinen Weiß der Federn
sind sie nie ein Augenschmaus.
Doch nötig ist es sie zu tragen,
denn wird ein Hass extrem geschürt
schießt Zorn erfüllt, ohne zu fragen,
mancher auf alles was sich rührt.

Unvernunft bleibt Unvernunft,
wenn Krieg und Hass „regieren" .
Was man mit blindem Hass anrichtet
können manche nicht „kapieren".
Jeder hat doch nur ein Leben
und sollte es genießen,
nicht demagogisch Hass geimpft
auf andere Leben schießen.

Doch treibt der Mensch es wie bisher,
lässt die Vernunft nicht siegen,
werden wohl Friedenstauben bald
 nur Stahlhelm tragend fliegen.

*****

18.07.2023,   (K.- F. L.)

Wie er die Welt sieht.

Wer die Welt „ nimmt" wie sie ist,
mit ihrem Licht und Schatten,
lebt auf ihr als Realist,
lässt sich nur ungern überraschen.

Er sieht die Welt mit „strengen" Augen,
mit kritisch, sachlich, kühlen Blick.
Utopien oder Träume
weist er vehement zurück.

Sein Gebaren, sein erscheinen
erweckt nicht immer Sympathie,
denn seine Art die Welt zu sehen
verstehen manche Menschen nie.

Doch, die in Träume sich verlieren
werden oft brutal erschreckt,
denn der Welt reales Leben
haben selten sie entdeckt.

Dagegen wird der Realist
sich träumend nicht verlieren,
er wird sein alltägliches Leben,
sorgfältig kalkulieren.

Nun ist es aber fast egal
wie die Menschen denken,
wichtiger ist das sie der Welt
friedvolle Zukunft schenken.

$$*****$$

17.07.2023,   (K.-F. L.)

Ein einmaliges Wesen

Jeder Mensch auf dieser Welt
ist ein Unikat, ein einmaliges Wesen.
Etwas wie ihn gab es noch nie,
ist noch niemals dagewesen.
Wie das Leben ihn geschaffen
ist ein Wunder der Natur,
aus den „Gaben" zweier Menschen
und dem „Bauplan"der Natur.

Niemals wird es ihn doppelt geben,
mögen zwei Menschen sich auch gleichen,
irgendwie werden die Menschen
sich doch immer unterscheiden.
In allen Menschen dieser Erde,
wieviel auch auf ihr Leben,
sind durch den Bauplan der Natur
Erkennungszeichen vorgegeben.

Selbst wenn zwei Menschen fotogleich
ähneln Sie sich doch nur.
Sie sind zwei Individuen
mit eigener Lebensspur.
Selbst Zwillinge, die sich oft gleichen,
bleiben eigenständige Wesen,
denn jeder ist ein Unikat,
ein Mensch der noch nie dagewesen.

*****

16.07.2023   (K.- F. L.)

Die Müdigkeit

Die Müdigkeit, (des Schlafes Schwester),
tritt nach des Tages großer Müh´
unaufhaltsam in Erscheinung,
und lähmt den Rest der Energie.

„Gefühltes Blei" in den Gelenken
bremst das Handeln, bremst das Tun,
und stärkt den Wunsch, nach all den Mühen,
sich zu erholen, sich auszuruh´n.

Allmählich nimmt die Müdigkeit
von ihrem „Opfer" Vollbesitz,
die Augenlider werden schwer
und sind nur noch ein schmaler Schlitz.

Ist die Ermüdung fortgeschritten
regiert der Schlaf den Rest der Nacht
aus der, der nun im Schlaf liegende,
erholt und ausgeruht erwacht.

Der kann mit neuer Kraft agieren
und geht den Tag energisch an,
damit er, vor neuem Ermüden,
sein Tagewerk verrichten kann.

$$*****$$

13.07.2023   (K.- F. L.)

„Der Spatz von Paris"

Sie starb vor vielen Jahren,
- Edith Piaf -
der „Spatz von Paris „ .
Sie lebte treu ihrem Chanson:
- Non, je ne regrette rien - .
Körperlich klein, jedoch künstlerisch groß,
besiegte sie die Welt.
Geliebt und bewundert,
im Scheinwerferlicht,
stand sie auf der Bühne,
nur Sie, und mehr nicht.

Ihr ausschweifender Lebenswandel
raubte Ihr manchmal jeden Halt.
Liebschaften, Alkohol und Drogen
besaßen über Sie Gewalt,
es gab auch Höhen, gab auch Tiefen,
doch gab es nichts das sie bezwang,
Abends stand Sie auf der Bühne
wo Sie sich in die Herzen sang.

Sehr oft war ihre Kasse leer,
denn sie verbrauchte viel im Leben,
doch sie behielt zum Glück die Stimme,
die war ihr einfach gottgegeben.
Am 25. September im Jahre 1962
sang Sie jedoch zum letzten mal
über Paris ihr Welt Chanson
(trotz Krebs)
- Non, je ne regrette rien - .

*****

12.07.2023   (K.- F. L.)

Hochsommer

Die Sonne, hoch am Himmelszelt,
strahlt hernieder auf die Welt,
sehr oft sind dabei ihre Strahlen
für Erdbewohner reine Qualen.
Ventilatoren laufen heiß,
beliebt sind Wasser, Schatten, Eis.
Die Freibäder sind übervoll,
man weiß nicht wo man bleiben soll.

Die kleinste Mühe wird zu viel.
Selbst Kinder „bremsen „ sich im Spiel.
Wer eben kann geht nicht hinaus,
sucht einen kühlen Platz im Haus.
Muss dringend man etwas besorgen
macht man das gern am frühen Morgen
weil dann die Sonne noch nicht „brennt „
was dann das transpirieren hemmt.

Abends, wenn die Sonne sinkt,
des Tages Hitze Abschied nimmt,
die übergroße Wärme schwindet,
das Leben wieder „Zugang" findet,
trauen die Menschen sich hinaus,
gehen noch ein wenig aus,
tanken Frischluft für die Nacht
die dann Erholung möglich macht.

*****

11.07.2023　　　(K.- F. L.)

Um Träume

Traumbilder tanzen wilden Reigen
unter eigener Regie.
Beeinflussen oder gar lenken
lassen sich die Bilder nie.
Sie spiegeln viel Erlebtes wieder
die Bilder aus des Träumers Leben,
was in Gedanken tief vergraben
wird wie im „Film" wiedergegeben.

Da sieht man längst verstorbene Menschen,
erlebt sie, wie man sie gekannt.
Omas. Opas, Eltern, Freunde,
Menschen zu denen man Vertrauen fand.
Aber leider sind die „Träume"
nichts als reine Fantasie,
was im Schlaf Träume versprechen
erfüllt das echte Leben nie.

Aber leider können Träume
dem träumenden auch Schmerz bereiten,
Albträume und Schreckensbilder
können Unsicherheit verbreiten.
Jedoch eines ist ganz sicher
ist ein Albtraum erst vorbei
sind die Gedanken des geplagten
als „Speichereinheit" wieder frei.

*****

10.07.2023   (K.- F. L.)

Was daraus wurde

Als die Natur, damals, die Welt
erschaffen und ins All „gestellt"
dachte sie sich es wär ganz nett
wenn sie auch noch Bewohner hätt.

Also begann sie zu probieren,
übte dazu an vielen Tieren,
aber diese wehrten sich,
denn Menschen sein wollten sie nicht.

Gut, dachte die Natur sich dann,
fang ich mal etwas neues an,
und schuf ein „Wesen" affengleich
und setzte das ins Erdenreich.

Daraus entstanden Frau und Mann,
die passten sich dem Erdball an,
und aus dem Urtyp jener „Leute"
wurde der Homo Sapiens von heute.

Der kreist seit urdenklichen Zeiten
auf der Welt durch Riesenweiten.
Damit den „Ball" man sehen kann
„strich" die Natur ihn noch blau an.

Blau ist nämlich auf dieser Welt
eine Farbe die gefällt,
sehr oft schaffen es Frau oder Mann
das man sie auch „blau" sehen kann.

*****

09.07.2023   (K.- F. L.)

Eine weiße Weste

Eine weiße Weste,
ist das Symbol für Redlichkeit.
Weiß trug schon immer die Bedeutung
von *Sauberkeit und Ehrlichkeit.*
Verbindet man diese Begriffe,
(Symbolfarbe und Kleidungsstück)
kann der Eindruck schnell entstehen
sein Träger weist Unrecht zurück.

Doch kann ein Eindruck irritieren,
und schnell zu falscher Ansicht führen,
denn die Farbe Weiß kann blenden
wird sie durch *falsches Licht* bestrahlt.
Leider merkt man das nicht selten
erst wenn man *Lehrgeld* dafür *zahlt,*
da eine Blendung stets verdeckt
was an falschem sie versteckt.

Sich nicht durch Anschein täuschen lassen
ist daher oberstes Gebot,
da oft,nach blendendem Erscheinen,
bittere Enttäuschung droht.
Die Farbe Weiß zu Recht getragen ,
ob an Weste oder Kleid,
ist ein Bild das den Betrachter,
ihn nicht blendend, sehr erfreut.

*****

07.07.2023   (K.- F. L.)

Ein großer Schatz

Jedes Volk hat einen Schatz
an Sagen und Geschichten
die mit ihren Aussagen
gar wunderliches, oft, berichten.

Es geht um Geister, Hexen, Helden,
um Könige und Drachen,
Drachen die Feuerspeiend Schätze
unüberwindlich scharf bewachen.

Zum Beispiel in der Siegfried-Sage,
Fafnir, den Siegfried überwand,
mit Balmung seinem Superschwert
in seiner starken Hand.

Er siegte auch über Alberich,
Regent der Nibelungen,
und hat dadurch, durch diesen Sieg,
noch eine Tarnkappe errungen.

Unverwundbar, glaubte er,
ständ ihm die Zukunft offen,
aber er starb durch Mörder Hand,
durch Hagens Speer, der ihn getroffen.

Da sieht man, auch in Märchenzeiten
gab es Mörder und Verrat,
Glück ist, das ein solches Märchen
keinen Bezug zum Leben hat.

*****

06.07.2023   (K.- F. L.)

Nur noch Erinnerung

Auf einem Bildschirm sah ich ihn,
einen Film aus jenen Jahren
als Fördertürme und Gerüste
das Sinnbild meiner Heimat waren.

Egal wohin man damals blickte,
man sah sie beinah` überall,
und wenn die Seilscheiben sich drehten
war das im Ruhrgebiet normal.

Damals, in den *Aufbaujahren,*
war die Kohle *schwarzes Gold*
und wenn die Seilscheiben sich drehten
wurde sie ans Licht geholt.

Nach *über Tage* hieß das damals,
denn sie kam aus tiefsten Tiefen,
wo Knappen sich, wenn sie sich grüßten,
den Bergmannsgruß > Glück Auf < zuriefen.

Die Zeit aus der der Film berichtet
ist nun schon viele Jahre her.
Seilscheiben und Fördertürme
gibt es im Ruhrgebiet nicht mehr.

Die Förderschächte sind verschlossen,
Zechen sind nicht mehr zu sehen,
nur noch ein paar Fördertürme
blieben für Museen stehen.

$$*****$$

09.06.2024   (K.- F. L.)

Zum 11.11.

Ein Datum das *vier Einsen* kennt,
das man Elfter im Elften nennt,
ist jährlich, vor der Fastenzeit,
Start in die *fünfte Jahreszeit.*

Dann hört man wieder in den Regionen,
in denen Karnevalisten wohnen,
Büttenreden und Schunkellieder
und sieht auch Tanzmariechen wieder.

Als Persiflage zum Militär
läuft man Uniformiert umher,
dekoriert mit hohen Mützen
darf man ein *Prinzenpaar* beschützen.

Als Höhepunkt im Jahr steht dann
der Rosenmontagsumzug an,
der viel humorvoll kritisiert
und mit *Kamelle* um sich wirft.

Am Aschermittwoch endet dann
was mit *vier Einsen* einst begann,
jetzt dichtet man, schreibt neue Lieder,
denn die *vier Einsen* kommen wieder.

*****

30.05.2024   (K.- F. L.)

Nur Hilfsmittel

Weil der Mensch ganz gerne Mensch ist,
stellt er auch gerne etwas an
und er wagt sich zweimal jährlich
an die Uhrenzeiger ran.

Gleich glaubt er, das er Herr der Zeit ist,
glaubt die Natur schließt sich ihm an,
doch nur, weil er an Zeigern rumspielt,
denkt die Natur nicht mal daran.

Wie schon seit Ewigkeiten,stur,
läuft er, der Rhythmus der Natur,
der Morgen, ...der Mittag, ...der Abend, ...die Nacht,
werden allein von ihr gemacht.

Wenn nun der Mensch in ein paar Wochen
die Zeiger wieder neu verstellt,
ist es auch nur **Er** der glaubt
das die Natur sich daran hält.

Die denkt nicht mal im Traum daran
ihr Zeitrecht aufzugeben,
denn die Anzeige der Uhren
sind nur Hilfsmittel im Leben.

*****
03.11.2024 (K.- F. L.)

Stille Helfer

Bums ! ...So! ...Gezz bisse auffe Welt,
aba wat sollsse hier (?)
Wosse geboren bis ist wichtig,
am besten is datt im Revier.

Datt geht schon mitte Sprache los,
die Dialekte sind vaschieden,
einen vastehsse mühelos,
und andere nich begriffen kriegen.

Dann wächst man inne Gruppe auf
die sich Familie nennt,
in der, als Kind man, Oma und Opa,
häufig als stille Helfer kennt.

Wenn Sie zu Besuch erschienen
war das für Kinder Sonnenschein,
denn Sie wissen viel von früher,
(da waren Mama und Papa klein)

Die kamen aus verschiedenen Gruppen,
zogen von irgendwo nach hier,
lernten durch spielen sich dann kennen,
so wie wir, … so wie wir.

*****
04.11.2024 (K.- F. L.)

Das Wasser

Durch reines leben bringt es neues Leben,
springt auch mal fröhlich aus dem Stein,
von der Natur viel Kraft erhaltend,
wird Wasser Lebensspender sein.

Auf Urzeitlichen *Wanderwegen*
durchzieht es unseren *blauen Ball,*
ermöglicht so Leben zu leben
(wie lang ist das wohl noch der Fall??)

Irgendwann sind die Reserven,
...sind die Vorräte ,verbraucht,
dann gibt es nichts mehr,das dem Dasein,
das Wasser liefert, das es braucht.

Vielleicht sollte man Wasser sparen,
ein Esel trinkt auch nur hat er Durst,
vielleicht erscheint einem die Zukunft
dann nicht mehr so trübe und völlig *Wurst.*

*****
05.11.2024   (K.- F. L.)